C·H·Beck
PAPERBACK

W0415620

Zehn Gebote für Politiker

1. Seien Sie ansprechbar! Immer! Sofort! Sie sitzen gerade auf der Freibadrutsche? Im Kino? Beim Zahnarzt? Kommen Sie sofort da runter und stellen Sie sich vor die Kamera!
2. Erwecken Sie bloß nie den Eindruck, Sie würden freiwillig vor der Kamera stehen. Wollen Sie etwa als mediengeil gelten?
3. …

Julia Jorch hat in ihren Jahren in der Politik (fast) alles Mögliche und Unmögliche erlebt. In ihrem Buch erklärt sie Politik, wie sie wirklich ist, und berichtet aus einer schwindelerregenden Welt, in der manchmal niemand mehr weiß, wer eigentlich die Verrückten sind: Die Parteikollegen? Die politischen Gegner? Die Leute da draußen? Dabei beantwortet sie jede Menge wichtige Fragen: Wieso schwafeln Politiker immer so viel? Wieso bekommt man beim Lesen von Meinungsumfragen jedes Mal das Gefühl, die lieben Wähler sind betrunken? Und wie gendert man/frau eigentlich «Warlords»?

Julia Jorch hat von 2011 bis 2017 in der Pressestelle des Bundesvorstands von Bündnis 90/Die Grünen gearbeitet, zuletzt als Pressesprecherin. Heute leitet sie die Kommunikationsabteilung des Deutschen Zentrums für Integrations- und Migrationsforschung in Berlin.

JULIA JORCH

SCHLAFLOS IM SHITSTORM

Der etwas andere Insiderbericht
aus der Welt der Politik

Mit Illustrationen von
Carolina Búzio

C.H.Beck

Mit 38 Abbildungen

Originalausgabe

© Verlag C.H.Beck oHG, München 2019
www.chbeck.de
Satz: Fotosatz Amann, Memmingen
Druck und Bindung: Pustet, Regensburg
Umschlagabbildung: Carolina Búzio
Umschlaggestaltung: Geviert, Grafik und Typografie,
Katharina Fußeder
Printed in Germany
ISBN 978 3 406 73239 3

myclimate
klimaneutral produziert
www.chbeck.de/nachhaltig

Für Jens, Anna und Juliane,
die heimlichen Held*innen

Für meine Eltern,
die mich mit Neckarwestheim-Kuchen politisiert haben

INHALT

TEIL III
VERLOGEN UND KORRUPT?

TEIL IV
SKANDALE UND SKANDÄLCHEN

TEIL V
POLITIKER SIND AUCH NUR MENSCHEN

TEIL VI
DIE POLITIK UND DIE MEDIEN

TEIL VII
WAHLKAMPF UND PARTEIEN

Vorneweg

Es gibt eine Menge Bücher über Politik. Aber alle lassen sich grob in zwei Sorten einteilen. Die eine Sorte geht ungefähr so: «Ich war ein superwichtiger Mensch im *inner circle* der Macht, und ich habe Ihnen dunkle Geschichten über Intrigen und geheime Seilschaften mitgebracht. Ich habe sie alle selbst erlebt. Denn ich war ein superwichtiger Mensch im *inner circle* der Macht.» Die andere Sorte geht so: «Liebe Leser, Politik kann Spaß machen, wenn man sie nur in einem pfiffigen Ton und gaaaanz einfach erklärt. Zum Beispiel Fö-Der-Al-Is-Mus: Das ist der Markus. Der Markus ist sozusagen der Chef von Bayern.»

Ja, in der Politik gibt es bestimmt viele total finstere Geschichten über Intrigen, und es ist wunderbar, wenn jemand das personifizierte Verhältniswahlrecht kurzweilig erklärt. Aber die meiste Zeit ist Politik ganz anders. Politik ist chaotisch, kompliziert und wird von Menschen gemacht. Und Menschen haben gute Ideen und blöde Ideen und Ideen irgendwo dazwischen. Menschen in der Politik leiden unter Ambitionen, chronischem Idealismus, Schlafmangel und manchmal auch ein bisschen an Höhenrausch. Es ist ein hartes Geschäft. Nicht wie in «House of Cards», wo Politiker ihre Leichen auch noch selbst verscharren müssen. Es ist eher wie der Versuch, ein Lebkuchenhaus zu basteln, wenn man die Hände voller warmem Zuckerguss hat und das jüngste Kind auf dem Boden liegt und weint, weil man die lila Smarties für das Dach benutzt hat, und der Kitkat-Zaun schon wieder umgekippt ist und man aber ja die Hände noch voller Zuckerguss hat.

Darüber sollte viel mehr geschrieben werden, und deswegen habe ich es hier getan.

Ich habe sechs Jahre in der Politik gearbeitet, in der Parteizentrale der Grünen. In der Pressestelle, um genau zu sein. Angefangen habe ich als Volontärin und aufgehört als Pressesprecherin, und zwischendrin habe ich einiges mitbekommen.

In diesem Buch ist es deshalb überall grün. So grün, als wäre eine Waldmeisterpuddingfabrik explodiert. Als hätte man sich im Amazonas verlaufen. Oder als hätte man beim Pürieren des morgendlichen Chia-Bananen-Grünkohl-Smoothies vergessen, den Mixerdeckel zu schließen. Wer mit der grünen Partei nichts am Hut hat, findet das vielleicht nervig. Aber ich habe nun mal bei den Grünen gearbeitet und nicht bei der SPD. Also kommen in sehr vielen – genau genommen in den allermeisten – Geschichten, die ich hier über Politik erzähle, Politikerinnen und Politiker der Grünen oder ihre Mitarbeiterinnen und Mitarbeiter vor. Ich bin mir aber sicher, bei der SPD, bei der FDP, der CDU oder der CSU gibt es ganz ähnliche Geschichten. Nur kann ich die nicht erzählen. Ich habe dieses Buch geschrieben, um etwas über Politik zu sagen, nicht über eine bestimmte Partei. Die Grünen sind dabei nur ein Beispiel.

Die Politikerinnen und Politiker, die in meinen Anekdoten vorkommen, habe ich – außer in ganz wenigen Fällen – so genannt, wie sie heißen. Meine damaligen Kolleginnen und Kollegen habe ich hingegen nicht namentlich genannt, denn im Vergleich zu Politikern sind sie keine Personen der Öffentlichkeit. Es gibt auch mehrere Kolleginnen und Kollegen, die ich in diesem Buch alle als Lieblingskollegen und -kolleginnen bezeichne. Die Geschichten, die ich erzähle, habe ich so aufgeschrieben, wie sie passiert sind oder wie ich sie nach bestem Wissen und Gewissen erinnere. Manche meiner Erinnerungen sind allerdings älter als andere und haben vielleicht schon den ein oder anderen Kratzer und leichte Gebrauchsspuren. Was ich mit diesen Geschichten sagen will, wird davon nicht berührt.

Wer zu der eben erwähnten Gruppe von Menschen gehört, die mit den Grünen nichts zu tun haben, kann jetzt gerne direkt zum ersten Kapitel springen, denn hier muss ich noch kurz etwas zur Verwendung geschlechtergerechter Sprache, also zum «Gendern», anmerken. Wenn man keinen politischen Antrag schreibt, sondern ein Buch, das Leute freiwillig und gerne lesen sollen, steht man vor einem Dilemma: Schreibe ich ständig «Politikerinnen und Politiker und Mitarbeiterinnen und Mitarbeiter», wird das fürchterlich langatmig, und mir geht die in meinem Vertrag für dieses Buch festgelegte Zeichenzahl flöten. Dann habe ich keine Buchstaben mehr für Witze übrig. Und wenn ich Binnen-I und Sternchen benutze («Politiker*innen»), sieht man irgendwann wirklich nur noch Sternchen. Also habe ich versucht, es so zu machen, wie ich es schon öfter gelesen habe: mal «Politiker», mal «Politikerin» zu schreiben, mal «Politikerinnen», mal «Politiker» und manchmal beides. Nicht systematisch, sondern einfach, wie es sich ergibt. Ich hoffe, das passt.

TEIL I

POLITIK – EINE EHRLICHE JOBBESCHREIBUNG

1 Einleitung

Der nicht ganz schlimmste Job der Welt

Jakob, mein Mitbewohner, liegt in Feierabendposition auf dem Sofa. «Julia!», ruft er, schon während ich durch die Wohnungstür komme, als wolle er eine Geburtstagsrede auf mich halten. «Was macht die Politik?»

Ich bin entsetzlich müde. Die Kontaktlinsen brennen in meinen Augen, so dass ich alles nur noch leicht verschwommen sehe. Ich lasse meine Tasche und meine Jacke im Wohnzimmer einfach auf den Boden fallen. Auch meine Zunge ist müde, ich glaube, ich lalle ein bisschen vor Erschöpfung. Jakobs Frage will ich nicht beantworten, weil ich weiß, er hat dann immer achtzehntausend Nachfragen, die jedes Mal in der alles entscheidenden Frage enden, wie ich bloß für eine Partei arbeiten kann, die Forschung für Homöopathie unterstützt. Ehrliche Antwort: Weiß ich nicht, ist mir auch egal. In Syrien herrscht Krieg. Es gibt Menschen in wichtigen Positionen, die Griechenland am liebsten aus der EU schmeißen wollen. Wenn in Deutschland Leute ihre Haarlocken bei Vollmond im Schatten einer Eiche vergraben wollen, in der Hoffnung, damit irgendwelche Zuckerlösungsmoleküle zu beeindrucken, habe ich damit kein sehr akutes Problem.

«Gut», sage ich auf dem Weg zum Kühlschrank, auf der Suche nach einem Feierabendgetränk und einem anderen Thema. «Und bei dir so?»

«Ich habe deine Chefin heute im Fernsehen gesehen. Sag mal, wieso …», setzt Jakob über den Flur hinweg an. Ich finde ein letztes Bier im Kühlschrank.

«Können wir bitte nicht über Politik reden?», flehe ich ihn an, mit dem Bier auf dem Weg zum Sofa.

«So schlimm?»

«Nein, Politik ist nur so anstrengend.»

«Ha.»

«Was?» Ich weiß, ich werde die Nachfrage bereuen.

«Na komm! Es gibt wohl schlimmere Jobs als Politiker zu sein.»

Ich bin mir sicher, Jakob hat vollkommen recht und es gibt wirklich viel schlimmere Jobs als den eines Politikers. Mir fallen nur gerade keine ein.

«Wenn du wüsstest, wie Politik wirklich ist ...», sage ich stattdessen.

«Dann?»

«Dann.» Ich mache eine dramatische Pause und taste mein Kinn nach Pickeln ab. Flugzeugluft und Schlafmangel und Mangel an Make-up-Entferner in zweitklassigen Hotels haben ganze Arbeit geleistet. «Dann wärst du viel netter zu Politikern!» Bäm! Wenn das nicht gesessen hat. Ich Meisterin der Schlagfertigkeit.

«Echt jetzt!» Jakobs Empörung ist zur Hälfte gespielt, aber eben nur zur Hälfte. «Wofür haben Politiker denn bitte unser Mitgefühl verdient?» Er denkt einen Moment nach. «War der Champagner in der Bayern-München-VIP-Lounge zu warm?»

«So meinte ich das gar nicht.»

«Hat man deinen Chef bei Maybrit Illner wieder nicht ausreden lassen?»

«Haha.»

«War beim Bundespresseball die Schlange an der Austernbar zu lang?»

Ich schaue böse. Jakob schaut zufrieden.

«Aber im Ernst», sagt er versöhnlich. «Wie meintest du es denn?»

Was ich meine? Wo soll ich anfangen?

Politiker sind korrupt, arrogant, abgehoben, verlogen, geld- und machtgeil. Sagen alle. Überall. Für diesen Satz bekommst du Applaus beim Antifa-Treff, fröhliches Gegröle auf der AfD-Demo, Tischklopfen beim Bayern-München-Stammtisch und allgemeines Nicken auf der Hipsterparty. Menschen in Deutschland vertrauen laut einer Umfrage Versicherungsvertretern mehr als Politikern. Genau genommen vertrauen sie ALLEN Berufsgruppen mehr als Politikern:

- Bankern («Oh, tut mir leid, dass die Milliarden jetzt weg sind. Aber ich bin mir sicher, der Staat haut uns da raus. Apropos, könnte ich jetzt bitte meine elf Millionen Abfindung haben?»)
- Werbeleuten («Alle elf Minuten verliebt sich ein Single!»)
- Gebrauchtwagenhändlern («Ich mag Sie!!! Und weil ich Sie mag, mache ich Ihnen einen Freund!Schafts!Preis!!!»)

Berufe, die man übrigens vergessen hat abzufragen, sind: Schiedsrichter im Amateurfußball, Greenpeace-Promoter in Windjacken, die nur kurz wissen wollen, ob man Tiere mag, Fahrkartenkontrolleure im Nahverkehr, Ordnungsamt-Mitarbeiter im Außendienst.

Aber wir brauchen Politiker. Warum? Weil sich das Land nicht von selbst regiert. Und weil sich Gesetze nicht von alleine schreiben und dumme Gesetze auch nicht von allein wieder verschwinden. Oder willst du spontan mal kurz erklären, wie man die «Weiterleitung des morbiditätsorientierten Risikostrukturausgleiches» vorantreiben kann? Oder ob das neue Düngerecht so bleiben kann, wie es ist? Was ist mit der Bundes-Tierärzte-Verordnung? Und was mit den deutschen Soldaten im Südsudan – sollen die da bleiben?

Vielleicht bist du, wenn du ganz ehrlich bist, doch froh, dass du jemanden wählen kannst, der sich mit Leidenschaft in

Düngemittelverordnungen hineinwühlt. Genau das wollen wir doch – Politiker mit Leidenschaft für Dinge, auf die wir selbst keine Lust haben. Genauso wie wir Menschen brauchen, die unseren Kindern Mathe beibringen, uns Pizza liefern oder die Waschmaschine reparieren. Was meinst du, wie viel Lust so ein Waschmaschinenreparateur auf seine Arbeit hätte, wenn er jedes Mal, sobald er das gereinigte Flusensieb wieder eingebaut hat, mit «Du inkompetenter Schmarotzer!» verabschiedet wird?

Ja, es gibt schlimmere Jobs als Politiker. Aber wenn wir ein bisschen besser verstehen, was Politiker den ganzen Tag so treiben und warum auch denen manchmal was nicht gelingt oder durchrutscht, dann haben wir vielleicht nicht mehr Mitleid, aber ein bisschen mehr Verständnis.

2 Bagger und Zebrafische

Politik im Dauerschlafmangel

Der typische Tag eines Politikers beginnt im Dunkeln. Wer erst um acht Uhr im *Morgenmagazin* oder im *Deutschlandfunk* ist, kann eigentlich direkt wieder ins Bett gehen – die Themen des Tages finden dann ohne einen statt. Regelmäßig müssen Politiker vor Sonnenaufgang den Flieger nach Saarbrücken erwischen oder den Zug nach Stuttgart. Spätabends oder nachts endet der Tag für sie mit einer Talkshow, der Live-Schalte in den *Tagesthemen*, wieder am Flughafen oder im letzten ICE nach Nürnberg, wenn sie nicht auf vom Kreisverband erdachten «politischen Kneipentouren» so tun müssen, als hätten sie um 22 Uhr noch die Energie, bei drei bis vier lokalen Bieren mit interessierten

Bürgern über die Autobahntrasse in Albstadt Süd oder den Kosovo-Einsatz zu diskutieren.

Und das sind die ruhigen Tage. Dazu kommen nämlich regelmäßig: Parteitage, auf denen bis tief in die Nacht Beschlüsse verhandelt werden, Plenar- und Ausschusssitzungen im Bundestag, Telefonkonferenzen zu Entwicklungen, auf die man dringend reagieren muss, und natürlich Koalitionsverhandlungen, Sondierungsgespräche, EU-Rats-Verhandlungen, Klimavertragsverhandlungen, G7-Gipfel. Als gäbe es eine heimliche Regel, dass wichtige Entscheidungen nur zwischen Mitternacht und Sonnenaufgang getroffen werden dürfen. Und auch Journalisten halten Politiker für rund um die Uhr ansprechbar und melden sich zu jeder Tages- und Nachtzeit mit Anfragen für Statements.

Nehmen wir mal diese schöne Meldung:

+++ Bayerischer Innenminister verunglückt

Bayerns Innenminister Joachim Herrmann wollte in Augsburg mit einem Bagger einen symbolischen Spatenstich setzen – doch der 40-Tonner kippte um. Bodyguards mussten den Politiker durch eine eingeschlagene Scheibe retten. +++

Der Leser freut sich: Politiker auch noch zu blöd zum Baggern. Und ich denke: Hallo? Wer lässt denn bitte einen Politiker im Wahlkampf schwere Maschinerie bedienen? In diesen Phasen sollte man Politikern wegen Unfallgefahr noch nicht mal einen Regenschirm in die Hand geben. Und trotzdem stellt man sie ständig auf Segways oder setzt sie in E-Autos, auf Gabelstapler und in Paddelboote. Das gibt gute Bilder und ist mal was anderes als die x-te Marktplatzrede. Seht her, die Frau oder der Mann kann anpacken! Der Mann oder die Frau ist in Wahrheit allerdings alles andere als fahrtüchtig. Die Frau oder der Mann ist nämlich spätestens um fünf Uhr morgens aufgestanden.

Die meisten Menschen, die zu wenig schlafen, glauben, das geht schon irgendwie. Nicht nur Politiker, auch 22-jährige Juniorberater bei McKinsey prahlen ständig damit, nur fünf Stunden zu schlafen. Wenig Schlaf ist für Politiker und Manager das, was der Maybach für den Gangsta-Rapper ist. Was aber passiert, wenn wir zu wenig Schlaf bekommen, ist das: Unser Erinnerungsvermögen wird schlecht, unsere Reaktionsfähigkeit wird schlecht, unser Urteilsvermögen wird schlecht. Wir können uns schlechter in andere Menschen oder Positionen hineindenken, wir werden starrsinniger. Und genau so wollen wir unsere Politiker ja auch haben, oder? Unempathisch, unbelehrbar und vergesslich wie ein Zebrafisch.

Warum machen Politiker das? Es hilft ja nichts. Ein Parteivorsitzender kann schlecht seinem Pendant von der anderen Partei ganz leise, um niemanden zu stören, zuraunen: «Macht bei den Koalitionsverhandlungen mal ohne mich weiter, ich muss jetzt wirklich ins Bett.» Oder stell dir Angela Merkel vor, wie sie gähnend aufsteht und sagt: «Ladies and Gentlemen, das Klimaschutzabkommen schaffen Sie doch auch ohne mich, oder?»

3 Prosecco-Nickerchen auf der Rückbank

Ein ganz normaler Tag

Was machen Politiker den ganzen Tag schon Anstrengendes? Nicht einmal im Parlament sieht man die Herrschaften. Wenn man mal aus Versehen bei *Phoenix* vorbeischaut, sieht man nichts als leere Stühle im Plenum. Wahrscheinlich alle beim zweiten Prosecco-Frühstück.

Viele stellen sich den Tag eines Politikers vermutlich so vor:

Annette Gert
Sekretariat

Frau Gert
Guten Morgen, Herr Abgeordneter, Ihr Fahrdienst wartet wie immer am Gartentor
09:10

Hat jemand dran gedacht, meine Anzüge zur Reinigung zu bringen?
11:50 ✓✓

Bitte folgende Termine dieser Art ins Bocca di Bacco, im Borcherts war der Tafelspitz heute ungenießbar.
Peinlich! Für mich!
14:11 ✓✓

Bitte Fotos der Veranstaltung vom Michelsdorfer Boten besorgen und den Praktikanten auf die Homepage stellen lassen!
17:02 ✓✓

Wie komme ich na
18:20 ✓✓

ch Hause.
18:20 ✓✓

H
18:21 ✓✓

Entschuldig. Nahc Hause
18:25 ✓✓

Frau Gert
Fahrdienst wartet um 19:00 vor der Landesvertretung.
18:45

Sieee sind ein richtige Perle!!
19:05 ✓✓

Montag, 15.10.

09:00	Aufstehen
09:30	9:45 Fahrt mit Fahrdienst z. Bundestag
10:00	Sektfrühstück mit Holger vom Verband der Automatenindustrie bei Käfer
10:30	
11:00	Plenumsdebatte mit namentlicher Abstimmung
11:30	
12:00	
12:30	
13:00	Mittagessen mit Dr. Müller-Thurgau vom Bundesverband der Waffenexporteure im Borcherts
13:30	
14:00	Fahrt mit Fahrdienst zum Stadtfest Michelsdorf
14:30	
15:00	Stadtfest Michelsdorf: – Rede Bürgermeister – Ihre Rede (15 min) – Spatenstich Stadthalle – Danach Fotos und Empfang
15:30	
16:00	
16:30	Rückfahrt mit Fahrdienst
17:00	
17:30	
18:00	Empfang des Winzer-Verbandes Oberpfalz
18:30	
19:00	Heimfahrt mit Fahrdienst

Dr. Maier-Sonnenfeldt
MdB Dr. Maier-Sonnenfeldt
Herr Abgeordneter Dr. Maier-Sonnenfeldt
Sehr geehrter Herr Abgeordneter Dr. Maier-Sonnenfeldt
Sehr geehrter Herr Bundeskanzler Dr. Maier-Sonnenfeldt

Holger unbedingt zum nächsten Jagdwochenende einladen!

ACHTUNG! Anwesenheitspflicht. Wenn Sie das genaue Thema interessiert, dann wenden Sie sich bitte an Herrn Schmidt (das ist Ihr wissenschaftlicher Mitarbeiter, Nr. 030-277-555-55). Gez. A. G. (Sekretariat)

Bitte unbedingt nutzen, um Prosecco-Schwips wegzuschlafen, sonst sind Sie bei der Rede nachher wieder so fahrig. Gez. A. G. (Sekretariat)

Rede zu Ihren politischen Erfolgen wurde dem Bürgermeister letzte Woche zugesandt (aktualisierte Version), Ihre Rede finden Sie in der Mappe.
Gez. A. G. (Sekretariat)

Erinnerung: Sie wollten mit Staatssekretär Koltz Ihren gemeinsamen Namibia-Urlaub besprechen.

Anzüge wurden an Ihre Frau bereits geliefert. Morgen schwarz, weil Staatsakt.

In Wirklichkeit ist der Politikeralltag ungefähr so gemütlich wie die Fahrt in einem bulgarischen Geflügeltransporter.

Büro-Chat
Jenny, Matti, Anna, Du

Jenny
Denkst du an Autogrammkarten? 05:30

Matti
Du denkst an Feedback Ehegattensplitting? 05:30

Anna
Wo bist du? 06:13

Bin beim ZDF ☺ Komme 5 min zu spät 06:15 ✓✓

@Matti: Frage beim MoMa zu Mehrwertsteuer (Linke), Wording? 07:05 ✓✓

Bei n.tv auch. Brauchen bis zur Vorstandssitzung dringend ein Briefing. 07:40 ✓✓

Matti
Was ist denn mit Ehegattensplitting? Brauche Feedback! 08:05

Und konntest du schon über die Rede gucken? 08:08

Unterschriftenmappe liegt im BT. Sorry. Was tun? 09:46 ✓✓

Matti
Schaust du kurz auf die PK-Vorbereitung? 11:28

Ehegattensplitting hab ich geschickt. 11:34 ✓✓

Mehrwertsteuer-Briefing da? 12:35 ✓✓

Matti
Kommt gleich mit Feedback von Fraktion 11:40

Hab ich nach d. PK kurz Zeit z. Essen? 12:40 ✓✓

Matti
Kannst du im Zug gleich mal Joachim anrufen. Es geht um die Rede auf dem Parteitag, wär wichtig. 14:21

@Team: 10 min für Mittag? Seid ihr irre?? 14:38 ✓✓

Montag, 15.10.

04:30	AUFSTEHEN
05:00	Lesen: Beschluss Länderfinanzausgleich/ Ehegattensplitting
05:30	Anna ruft an wegen mündl. Lage Taxi kommt um 05:50 Uhr!!!
06:00	Ankunft Hauptstadtstudio + Maske + Vorgespräch
06:30	Live-Sendung, anschl. O-Töne für Tagescha (bis max. 6:50 Uhr!!!)
07:00	Fahrt zu n.tv (Taxi ist bestellt)
07:30	Live-Schalte n.tv + O-Töne danach: BT-Büro (zu Fuß)
08:00	Lesezeit, Priorität Anträge Familienpolitik, , Pressespiegel, Gesetzentw. Auslandseinsätz
08:30	
09:00	Presselage 09:15 Uhr Fahrt zur Parteizentrale
09:30	Bundesvorstandssitzung (+ O-Töne vor der Tür + Auftaktbilder)
10:00	
10:30	
11:00	
11:30	
12:00	
12:30	Vorbesprechung Pressekonferenz (währenddessen Maske)
13:00	Pressekonferenz
13:30	
14:00	Fahrt z. Hauptbahnhof (Taxi best.) Kurz (!!!) Mittagessen
14:30	14:41 ICE nach Hannover

ACHTUNG: Autogrammkarten mitnehmen!

Antrag Ehegattenspl. bis 14 Uhr wieder bei BAG. Sonst Ärger!

!!!! ARD, nicht ZDF (diese Woche getauscht)

Anna begleitet: wartet im Foyer

Themen: Länderfinanzausgleich, Parteitag, Migrationsgipfel. Briefing s. rote Mappe.

ACHTUNG: Danach nicht abschminken (n.tv)

Lesemappe und Zeitungen liegen vorne bei Andre. Wenn Zeit, bitte unbedingt auch den Redeentwurf fürs Plenum morgen lesen. Zum Gesetzentw. freut sich Kerstin über Rückmeld.

Neuer Einwahlcode: -444

Bitte rechtzeitig unten stehen!!!

(Du moderierst!!!)	Unterschriftenmappe durchgehen!
TOP 1: Aktuelles	Dringend!
TOP 2: Berichte a) Bundesfrauenrat (Mika),	
b) Landesparteitag S-H	s. blaue Mappe!
TOP 3: Leitantrag Familienpolitik	
TOP 4: Verschiedenes	Habe nach Gespräch m. Thorsten u. Sylvia
TOP 5: Internes	noch handschriftl. Notizen gemacht, bitte
zu TOP 5: Entscheidung Elternzeitvertretung i. d. Finanzabteilung u. Stelle Grundsatzreferat (s. blaue Mappe)	beachten!

Themen wahrscheinlich: Länderfinanzausgleich u. Parteitag, Migrationsgipfel; Nachfragen zum Spiegel-Artikel über die Kritik des Wirtschaftskreises (dazu bitte einmal mit Christian tel.)

Du musst absolut pünktlich um 14:00 da raus, Anna achtet drauf, aber bitte auf keinen Fall zu lange antworten ☺

Bitte auf der Fahrt: Freigabe Interview Tagblatt bis spätest. 15:30!!

Jenny
Gab nur den Zug. Bordrestaurant? 14:58

Anna
Wo ist das Interview? 15:28

Sorry. Kommt in 10. 15:39 ✓✓

Matti
Anna fragt wg. Interview! 16:12

Musste erst aussteigen. Schick es dir. 16:30 ✓✓

Jenny
Karl ist 10 m zu spät 16:31

@Jenny: Gibt es im Flüchtlingsheim Essen? 16:34 ✓✓

Jenny
Ja. Das ist ein Wohnheim, die bekommen da sicher auch Essen. 16:35

@Jenny: Für mich! 16:36 ✓✓

Matti
Bin ab 20:00 Uhr zwei Stunden raus. Theater. 19:41

@Matti: Worum ging's da noch mal (Gerhard, MPK)?, steh gerade auf d. Schlauch. 21:40 ✓✓

@Matti: Funkloch 21:44 ✓✓

@alle Handy gleich leer 21:58 ✓✓

Matti
Bundesratsinitiative, haben wir doch gestern drüber gesprochen. 22:15

Matti
Hallo? Hast du jetzt mit Gerhard telefoniert oder nicht? 22:17

Matti
Hallo? 22:52

15:00	
15:30	*Hunger!* ☹
16:00	
	16:20 Ankunft Hannover
16:30	16:40 Gespräch mit unbegleiteten minderjährigen Flüchtlingen,
17:00	Flüchtlingsunterkunft Hannover-West
17:30	*HungerHungerHunger!!!!*
	17:45 Fahrt zu Podiumsdiskussion
18:00	
18:30	Podiumsdiskussion «Migration – Chance oc Belastung für Hannover»
19:00	
19:30	
20:00	im Anschluss: Kurzer O-Ton mit HannoverTV
20:30	Abendessen mit Karl und Beate vom KV, Pizzeria Sole Mio
21:00	*Allerbeste Pizza der Welt!* ♥
21:30	21:37 ICE nach Berlin
22:00	TK um 22:00 Uhr
22:30	
23:00	
23:30	23:25 Ankunft Berlin-Hauptb.
24:00	

Das Briefing zur Flüchtlingsunterkunft ist in der blauen Mappe, bei Rückfragen gerne Beate anrufen (nachher auch vor Ort, 0178-8555-672-98), Infos zur Podiumsdiskussion schick ich dir nachher per Mail, ruf dich an!

Karl vom KV holt dich ab (0171-555-555-82)

Teiln.: Beate Caspari (Flüchtlingsnetzwerk Hannover), Michael Puntz (Unterkunftsleit.), Dr. Irene Kiesbauer (Psychol.) + Jugendliche

ACHTUNG: Presse darf nur Bilder von den Erwachsenen machen, Karl weiß Bescheid

Ort: Kulturzentrum Mosaik, Hauptstraße 55 Kekse?

Moderation: Henriette Mann (KV Hannover), Teilnehmer: Beate Caspari (Flüchtlingsnetzwerk Hannover e. V.), Ahmad Fahrdi (Sozialarbeiter), Dr. Hugo Konstantin (Professor f. Migrationsforschung), Briefing zu Personen und zur Diskussion in der blauen Mappe

Thema: Migrationsgipfel, Einwanderung, Landtagswahl Niedersachsen

Karl fährt dich zum Bahnhof.

Telefonat mit Gerhard. Bitte unbedingt die Ministerpräsidentenkonferenz ansprechen!! Du übernimmst die TK-Moderation (Nr. 030-555-555-5, Code 12345), hoffe, du hast auf der Strecke kein Problem m. Funklöchern ;-). Und wir brauchen dringend Feedback zur Rede f. Plenum morgen. Danke!

Wichtig: Du hast Mareike versprochen, dass du die Kinder zur Kita bringst!

4 Kotzen in Kurdistan

Warum Politiker länger in der Wüste überleben würden als du

Plötzlich bremst der gepanzerte Geländewagen vor uns auf der verlassenen Landstraße irgendwo im Nordirak. Ich halte den Atem an. Sind wir in einen Hinterhalt geraten? Haben Terroristen eine Straßensperre errichtet? Sind hier Minen? Wurde der Fahrer von einem Scharfschützen getroffen? Wir haben so viele bis an die Zähne bewaffnete kurdische Bodyguards dabei, dass ich vergessen habe, dass wir nicht in einem schlechten amerikanischen Actionfilm sind. In meinem übermüdeten Kopf ist es total realistisch, dass in jedem Moment am Horizont eine Hundertschaft berittener Kämpfer erscheint, die mit AK-47 in die Luft ballern und dann von Kampfgeschrei begleitet auf uns zu galoppieren. Doch auch wenn ich besagten Kopf und meine Mutter zuhause nur schwer davon überzeugen kann: Rational betrachtet ist es in dieser Region für eine Politikerin wie Claudia Roth ungefähr so gefährlich wie bei einem Wahlkampftermin in Brandenburg: Personenschutz empfohlen, aber selten tatsächlich gebraucht. Es ist Frühjahr 2013. Der syrische Bürgerkrieg tobt in mehr oder weniger beruhigendem Abstand ein paar Hundert Kilometer weiter weg, vom sogenannten Islamischen Staat hat man in Deutschland zu diesem Zeitpunkt noch nichts gehört und hier im Nordirak irgendwie auch noch nicht so richtig.

Unser Wagen ist hinter dem ersten Fahrzeug zum Stehen gekommen. Ein paar lange Sekunden bleibt alles still. Dann geht langsam die Hintertür des SUVs auf, und ein Journalist, der uns begleitet, stolpert Richtung Straßengraben, beugt sich nach vorne und kotzt. Oder besser: versucht zu kotzen. Es kommt nicht viel raus. Ich weiß genau, wie er sich fühlt. Mein Magen rumpelt leer vor sich hin, und wegen der trockenen Hitze, der zwei Stunden Schlaf, des langen Flugs, der mir in den Knochen steckt, und des knallharten Programms ist mir ziemlich schummerig. Claudia Roth sitzt hinter mir, neben dem deutschen Generalkonsul, und scherzt mit dem Fahrer. Sie hat vor einigen Stunden beschlossen, dass wir kein Mittagessen brauchen und die Zeit lieber nutzen sollten, um gleich zum Flüchtlingslager zu fahren.

Claudia Roth ist eine politische Maschine: Sie funktioniert morgens um sechs so gut wie nachts um zwei, kann Energie über Wochen speichern und scheint weder Treibstoff noch Schlaf zu brauchen. Während ich mich ein paar Stunden zuvor an die kleine vergoldete Mokkatasse im ebenfalls vergoldeten Regierungspalast der kurdischen Regionalregierung klammerte wie an eine Rettungsboje und mir von einem Mann im Anzug acht Löffel Zucker in die Tasse schaufeln ließ, ging Claudia Roth mit den anwesenden Vertretern der Regionalregierung Themen durch wie die syrischen Kriegsflüchtlinge im Irak, die Gespräche der türkischen Regierung mit Öcalan, die Beziehungen der nordirakischen Provinz zu Bagdad und, soweit ich das in meinem Zustand verfolgen konnte, auch noch das Eisbärensterben in der Arktis. Dabei machte sie sich fleißig Notizen. Ich war zu neunzig Prozent damit beschäftigt sicherzustellen, dass meine Augenlider beim Blinzeln nicht aus Versehen zublieben.

Nach einigen Jahren in meinem Job hatte ich mich daran gewöhnt, dass der Arbeitsalltag für Politikerinnen wie ihre Mitarbeiter ein Ausdauersport ist. Als Mitarbeiterin konnte ich aber wenigstens, wenn ich morgens um halb sechs aufgestanden war, mittags mal eine Stunde lang mit halber Aufmerksamkeit

E-Mails wegsortieren und, wenn ich Glück hatte, sogar früher Feierabend machen. Nur wenn ich meine Chefs mal mehrere Tage am Stück begleitete, merkte ich, was es wirklich bedeutet, nicht nur ständig wach sein zu müssen, sondern auch ständig präsent, aufmerksam, zu allen Themen sprechbereit und immer in der richtigen Stimmung. Für ein durchgearbeitetes Wochenende bekam ich immerhin einen Ausgleichstag. Meine Politiker-Chefs bekamen von mir nach einem durchgearbeiteten Wochenende in den vollen Montagmorgen noch ein Radiointerview in Allerherrgottsfrühe gequetscht.

Drei Stunden später, nach mehreren Gesprächen, einer langen Autofahrt und immerhin einer Pflaume, die mir der deutsche Konsulatsmitarbeiter im Auto mit mitfühlendem Blick anstelle eines Mittagessens zugeschoben hat, stehen wir im Staub eines Flüchtlingslagers der Vereinten Nationen in Dohuk vor einem Zelt aus Plastikplane. Eine Frau hat Claudia Roth am Arm gepackt und in ihr provisorisches Wohn-/Schlafzimmer gezogen. Claudia wehrt sich ein wenig, weil sie noch ihre Schuhe anhat, aber die Frau lacht und komplimentiert sie einfach ins Zelt. Sie will der Politikerin aus Deutschland zeigen, wie sie lebt, und erzählen, was ihr passiert ist. Ich schaue mich um. Zelte, so weit das Auge reicht. Zu diesem Zeitpunkt können wir nicht einmal ahnen, wie sehr sich die Lage diesseits und jenseits der Grenze in den folgenden Jahren noch verschlechtern wird. Wie viele Menschen der blutige Krieg in Syrien in die umliegenden Nachbarländer und nach Europa spülen wird. Wie dicht der «Islamische Staat» und sein Terrorregime an das Lager vordringen werden. Und wie viele Menschen aus anderen Teilen des Nordirak hierher nach Dohuk fliehen werden.

Das Zelt vibriert vom Lachen der Frauen, dann taucht Claudia Roth wieder am Eingang auf. Es dämmert, aber der Tag ist noch nicht zu Ende: Ein Gespräch mit den Ärzten in der Krankenstation steht noch auf dem Programm und ein Treffen mit lokalen Politikern. Außerdem hat Claudia Roth aus dem Gespräch mit der Frau im Zelt ungefähr siebzig neue Fragen mitgenommen, mit denen sie jetzt den Leiter des Flüchtlingslagers löchert, während sie im Marschtempo die Anhöhe zur Krankenstation hochstapft. Eine Traube neugieriger Kinder und Jugendlicher folgt ihr. Der Journalist, der Rest der Delegation und ich schleppen uns müde hinter ihr her.

JA!
NEIN!

TEIL II

POLITIK UND DIE ANDEREN

5 Volker wer?

Politiker, das Volk und Oma Friederike

Der frühere Bundestagsabgeordnete Wolfgang Bosbach erzählte der Wochenzeitung *Die Zeit* einmal, mit welchen Problemen die Menschen so zu ihm in sein Wahlkreisbüro kommen: ein türkischstämmiger Deutscher, der Angst um seine Hühnerfarm in Turkmenistan hat, eine Mutter, die sich um die Schulnoten ihrer Tochter sorgt, ein Arzt, der versucht, medizinisches Gerät nach Afghanistan zu bringen. Alle Politiker kennen solche Geschichten, nicht nur aus ihren Sprechstunden im Wahlkreis, sondern auch aus den vielen E-Mails und Anrufen, die sie bekommen, und von den vielen Menschen, die sie auf Veranstaltungen, an Wahlkampfständen oder auf dem Weg nach Hause, im Zug, im Flughafen oder beim Bäcker erkennen und ansprechen. Das ist Teil des Jobs jedes Abgeordneten. Nicht, dass ein Wolfgang Bosbach viel Einfluss auf die Geflügelbranche in Turkmenistan hätte oder auf die Schulnoten in Deutschland. Aber zuhören, weiterleiten, Adressen raussuchen, bessere Ansprechpartner nennen oder das geschilderte Problem in seine politische Arbeit mitnehmen, das gehört zum Job dazu.

Politiker reden dauernd mit allen möglichen Leuten. Trotzdem hält sich das Vorurteil, sie würden sich nicht für die Probleme der Menschen interessieren, so hartnäckig wie Nagelpilz. Politikerinnen und Politiker sind auf ihre Wähler angewiesen und darauf, dass sie ungefähr wissen, wie die Realität von Studentinnen, Kassierern, Asylbewerbern, IT-Spezialistinnen oder Hartz-IV-Empfängern aussieht. Denn wenn sie das nicht wissen, dann treten sie ziemlich schnell in irgendein Fettnäpfchen, sagen irgendwas Bescheuertes, und ihre Mitarbeiter müssen sich die nächsten Tage mit hämischen Kommentaren auf Facebook herumschlagen. Politiker wollen nicht einfach irgendeinen Mist beschließen, sondern sich abends auf die Schulter klopfen und sagen: «Siehste, heute hast du die Welt wieder ein Stückchen besser gemacht. Voll gut.»

Außerdem brauchen Politiker Anekdoten, mit denen sie ihre politischen Positionen illustrieren können. Wer eine glühende Kampfrede für mehr soziale Gerechtigkeit halten möchte, sollte sie nicht mit den Worten anfangen: «Mein Chauffeur hat mir gestern eine herzzerreißende Geschichte erzählt …» Und dann sind natürlich gelegentlich Kameras und Mikrofone mit dabei, wenn Politiker unterwegs sind. Das schlimmste Verbrechen, das eine Politikerin begehen kann, ist, vor laufender Kamera an Oma Friederike oder dem Langzeitarbeitslosen Arnold grußlos vorbeizuziehen.

Bei einem Ortsbesuch im NRW-Wahlkampf zum Beispiel hatte der zuständige Kreisverband Cem Özdemir einen schönen Termin in einer Skaterhalle organisiert, die nebenbei Langzeitarbeitslose wieder ins Berufsleben eingliedert. Ein Kamerateam begleitete Cem und filmte, wie er vom Stadtrat erst zum Andachtsraum neben der Halle, dann zur anliegenden Werkstatt und schließlich zur Skaterhalle geschoben wurde. Dort komplimentierten sie ihn auf ein Skateboard, während ich erfolglos versuchte, ihn so charmant wie möglich wieder von diesem Skateboard herunterzubekommen.

«Also, wir hätten unseren Spitzenkandidaten schon gerne mit intaktem Schlüsselbein zurück!»

«Ach, Quatsch! Herr Özdemir, einfach die Beine nicht so durchdrücken!», rief ein Teenager mit Dreadlocks.

Ich schluckte. «Grüne fliegen aus der Kurve» war jetzt nicht die Botschaft, die wir rüberbringen wollten.

Sich die schlimmstmöglichen Bildunterschriften zu eigentlich total schönen, harmlosen Bildern auszudenken ist eine Pressesprecherkrankheit. Politikerin sitzt auf Bootssteg: «Politikerin geht baden.» Politiker klettert auf Windrad: «Politiker hängt in den Seilen.» Politiker streichelt Babyschaf: «Politiker total belämmert.»

Mein «Also, ich würde da von Seiten der Pressestelle gerne ein Veto einlegen» ging im Gekicher der herumstehenden Kinder unter. Na gut. Vor laufender Kamera konnte ich Cem Özdemir auch schlecht eigenhändig vom Skateboard herunterziehen. Also Daumen drücken, dass der Mann die Balance halten kann. Konnte er zum Glück.

Nachdem er heil wieder runtergestiegen war, zog der Tross weiter in den ersten Stock des Gebäudes, wo ein Gespräch mit Beteiligten des Projekts und lokalen Politikern geplant war, das aber immer wieder von O-Ton-Anfragen der Journalisten unterbrochen wurde. Und hinterher hieß es dann im Fernsehbericht: Cem Özdemir interessiert sich nicht für die Belange von Langzeitarbeitslosen, er lässt sie bei einem Termin einfach links liegen. Interessiert sich nicht für den kleinen Mann. Typisch! Dabei hatte er gar keine Gelegenheit, irgendjemanden links liegen zu lassen, weil er ständig von zwei Kameras, zwei Angelmikrofonen, zwei Mitarbeiterinnen, dem Direktkandidaten, ungefähr vier Kreisverbandsmitgliedern, dem Leiter des Projekts und den Skatelehrern umringt war. Wann immer dieses Knäuel von Menschen sich zu einem einzugliedernden Langzeitarbeitslosen bewegte, unterhielt sich Cem Özdemir mit ihm, hörte zu und stellte Fragen. Aber eben nur so lange, bis der Direktkandidat oder der Projektleiter oder irgendjemand anderes ihn mit den Worten «So, wir schauen uns dann noch den Werkzeugschuppen an!» zum Werkstattschuppen-Loben weiterschob.

Die Redakteurin des Berichts, die ich nach der Sendung anrief, um ihr aufzulisten, mit wie vielen Arbeitslosen Cem Özdemir an dem Tag gesprochen hatte, brachte dafür kein Verständnis auf: «Da darf sich Herr Özdemir eben das nächste Mal nicht so sehr von den Lokalpolitikern vereinnahmen lassen.» Schön gesagt. Aber dann hätte es im Bericht geheißen: «Cem Özdemir interessiert sich nicht für die Parteibasis, die im Wahlkampf ordentlich unter Druck steht, und nutzt den Besuch lieber, um sich selbst als Sozialpolitiker zu inszenieren.» Oder: «Die Teenager hatten stundenlang Skate-Kunststücke für den prominenten Besuch geübt, aber Cem Özdemir interessiert sich nicht für die Jugend, sondern nur für die, die bei dieser Wahl wählen dürfen.»

6 Elitefuzzis aus dem Schraubenladen

Warum Politiker keine Ahnung vom wahren Leben haben und wieso das nicht schlimm ist

«Was? Sie gehen wirklich noch selbst einkaufen?», werden Abgeordnete von Journalisten schon mal entgeistert gefragt, als hätten sie gerade zugegeben, nach Ladenschluss in den Müllcontainern hinterm Aldi zu wühlen. Politiker, da ist sich Deutschland einig, haben doch jeden Bezug zur Realität verloren.

Im Wahlkampf gibt es deswegen eine Menge Fernsehformate, in denen «die da oben», also die Politiker, mal einen Tag lang in «das wahre Leben» hineinschauen dürfen: Sie «arbeiten» dann ein paar Stunden als Kellnerin oder passen auf die drei

Kinder einer Alleinerziehenden auf. Weil man Politikern ja nicht zutraut, einen Pfannkuchen zu backen. So als hätten sie ihr Leben bis jetzt vor allem auf Yachten oder bei der Nashornjagd verbracht und nicht in Bürgersprechstunden und auf Bockbierfesten.

Die Wahrheit ist: Das wahre Leben ist immer das andere. Ein 62-jähriger männlicher Bundestagsabgeordneter aus Oberfranken lebt in einer anderen Realität als eine 17-jährige Teenie-Mutter aus Frankfurt/Oder. Aber das tut die 42-jährige Kindergärtnerin aus Stuttgart-Feuerbach auch. Oder der 25-jährige Bäcker aus Aleppo, der in Passau in einer Flüchtlingsunterkunft lebt. Und «das wahre Leben» besteht neben alleinerziehenden Kassiererinnen und Hartz-IV-Empfängern ja vielleicht auch noch aus selbständigen Grafikdesignerinnen und Assistenzärzten mit Abitur und Studium.

Berufspolitiker – das ist ein Schimpfwort und soll heißen: «Du machst das nur wegen dem Geld und weil du nichts anderes gelernt hast und gar nicht weißt, wie es da draußen in der richtigen Welt zugeht.» Natürlich gibt es Abgeordnete, die ihr ganzes Berufsleben lang in der Politik gearbeitet haben und in deren Lebenslauf als einzige Arbeitserfahrung «Wissenschaftlicher Mitarbeiter im Abgeordnetenbüro XY» steht. Die allermeisten aber haben vorher irgendeinen anderen Beruf ausgeübt. Doch da kommt gleich der nächste Vorwurf: Viel zu viele Parlamentarier haben vorher im öffentlichen Dienst gearbeitet. Und wer im öffentlichen Dienst arbeitet, kann doch auch keine Ahnung vom – du ahnst es – «wahren Leben» haben. In diese Kategorie von Keine-Ahnung-vom-wahren-Leben-Habern würden dann übrigens auch Hauptschullehrer, Sachbearbeiter bei den Verkehrsbetrieben, Polizistinnen, Gerichtsvollzieher und Kita-Erzieherinnen fallen.

Noch so ein Vorwurf: Viel zu viele Abgeordnete seien Juristen. Die größte Berufsgruppe im Bundestag sind tatsächlich die Juristen. Das ist aber gar nicht so seltsam. Als Juristin beschäftigt man sich mit Gesetzen, im Bundestag auch. Also ist das Jurastudium für den Job eine richtig gute Qualifikation. Die Dominanz der Juristen den Parlamentariern oder der Politik insgesamt zum Vorwurf zu machen wäre ein bisschen so, als würde man sich darüber aufregen, dass es unter Lehrern so viele Pädagogen und unter Ärzten so viele promovierte Mediziner gibt. Im Bundestag gibt es die auch – und daneben Landwirte, Starkstrominstallateure, Apothekerinnen, Elektrohauer, Pilotinnen, Sozialarbeiter, Bankkauffrauen, Einzelhandelskaufmänner und Bauzeichnerinnen.

In Großbritannien und Frankreich kommen die meisten Spitzenpolitiker gefühlt von denselben drei, vier Eliteuniversitäten. Dagegen finden sich unter denen, die in Deutschland im Kabinett sitzen oder saßen, erstaunlich viele Menschen, die aus einfachen Verhältnissen stammen und/oder ihren Lebensunterhalt als Schraubenverkäufer, Taxifahrer oder Fernsehtechnikerin verdient haben, bevor sie in die Politik gingen. Um nur ein paar Beispiele zu nennen:

- Ex-Bundeskanzler Gerhard Schröder wurde von einer alleinerziehenden Mutter großgezogen, machte seine Lehre als Einzelhandelskaufmann in einem Porzellangeschäft in Lemgo und holte neben seiner Arbeit in einem Eisenwarenladen das Abitur auf der Abendschule nach.
- Ex-Bundeskanzler Willy Brandt wurde als unehelicher Sohn einer Verkäuferin geboren und verbrachte den Zweiten Weltkrieg im Widerstand gegen die Nazis in Nordeuropa.
- Ex-Außenminister und -Vizekanzler Joschka Fischer wurde als drittes Kind eines Metzgers geboren, machte kein Abitur, brach dafür aber eine Fotografenlehre ab und arbeitete längere Zeit als Taxifahrer.

YAY
Ich ♥ Steuern

- Ex-Justizministerin Renate Künast sollte nach dem Willen ihres Vaters die Hauptschule besuchen und möglichst schnell heiraten und Kinder bekommen. Sie hat trotzdem erst ihr Fachabitur gemacht, es dann zur Sozialarbeiterin in einem Gefängnis und später zur Juristin gebracht.
- Ex-Arbeitsminister Walter Riester (Erfinder der «Riester-Rente») war Fliesenlegermeister, bevor er eine Gewerkschafter-Laufbahn einschlug.
- Ex-Arbeitsminister und -Vizekanzler Franz Müntefering ist Bauernsohn und war nach seiner Ausbildung zum Industriekaufmann in der metallverarbeitenden Industrie tätig.
- Ex-Wirtschaftsminister Michael Glos war Müller, bevor er in den Bundestag einzog.
- Ex-Agrarministerin Ilse Aigner wechselte vom Gymnasium auf die Realschule und arbeitete als Radio- und Fernsehtechnikerin im elterlichen Betrieb.

Allerdings: Wenn man dann erst einmal Spitzenpolitiker ist, macht das natürlich schon was mit einem. Blitzlichtgewitter, Menschen, die einem die Türen aufhalten, tobender Applaus, Fremde, die Fotos und Autogramme wollen. Plötzlich Promi. Plötzlich wichtig. Dass das nicht so gut fürs Gleichgewicht des Egos sein kann, ist auch irgendwie klar.

Politiker sind Menschen, und Menschen leiden an etwas, das Psychologen «selbstwertdienliche Verzerrung» nennen: Alle Erfolge habe ich mir selbst zu verdanken, an Misserfolgen sind andere Dinge oder andere Menschen schuld. Wenn ich den Job bekomme, dann liegt das daran, dass ich im Bewerbungsgespräch so toll war. Wenn ich den Job nicht bekomme, liegt es daran, dass die bestimmt eine Frau für die Quote suchten/der Chef Angst vor meinem Genie hatte/der Personalrat anscheinend betrunken war. Für den Politiker heißt das: Den tosenden Applaus bekomme ich, weil ich so eine fantastische Rede gehalten habe, die Abstimmung verliere ich, weil die Medien meinen Vorschlag vorher unsachlich in der Luft zerrissen haben. Bei den Grünen ist an den schlechten Umfragewerten immer der andere Parteiflügel schuld, bei der SPD die asymmetrische Demobilisierung* durch Angela Merkel, bei der CSU ist auch immer Merkel schuld, und bei der AfD sind alle Umfragen gefälscht.

In der Politik sind jedoch die Höhen und Tiefen von Erfolg und Scheitern viel krasser als in den meisten anderen Berufen. Während andere Menschen für ihre PowerPoint-Präsentation im Abteilungsmeeting von ihrem Chef ein zustimmendes Nicken bekommen, erhält ein Politiker auf einem Parteitag schon mal von tausend Menschen *standing ovations*. Und umgekehrt kriegen wir Normalos für eine unpassende Bemerkung vor einem Kunden nicht sofort Tausende Hassmails und werden nicht von *Bild*, *BamS* und *RTL aktuell* öffentlich zum Unmenschen des Jahres gekürt.

So ziemlich jeder Mensch würde in dieser Situation ein einigermaßen verzerrtes Ego bekommen, wenn ihm nicht in der Zwischenzeit vom ganzen Hoch und Runter schwindlig geworden ist. Rockstars und Wallstreet-Broker können in letzterem Fall wenigstens auf Koks und Prostituierte zurückgreifen. Politikern, für die aus Gründen der Vorbildfunktion weder Koks noch Prostituierte eine dauerhafte oder kurzfristige Lösung sind, bleibt nur noch mehr Politik, und so klammern sie sich mit aller Macht an ihren Positionen fest wie ein Äffchen an der Palme im Sturm.

* Asymmetrische Demobilisierung: die Anhänger des politischen Gegners zu Tode langweilen.

Der Journalist und Autor Jürgen Leinemann beschrieb Politik einmal als Droge. Wer in einer Welt aus Kameras, Jubel und persönlichen Assistenten lebt und das für hundert Stunden die Woche, der verliert den Zugang zum Rest der Welt. Weil nichts mehr übrig bleibt für Familie, Freunde oder Hobbys, wird das eigene Leben außerhalb der Politik immer leerer, und diese Leere versucht man zu füllen – mit mehr Politik. Und wenn man ohne Politik nicht mehr leben kann, wird der eigene Erfolg dort wichtiger als die Ideale, derentwegen man ja eigentlich in die Politik gegangen ist. Nicht wissen, wann Schluss ist, ist aber keine exklusive Politikerkrankheit. Frag mal Madonna. Oder Onkel Stefan auf der Hochzeit deiner Cousine nach dem zwölften Bier.

7 Funkloch im Elfenbeinturm

Wenn Bürger an der Berliner Blase kratzen

Ab einer bestimmten Gehaltsstufe ist in der grünen Parteizentrale jeder Mitarbeiter dazu verpflichtet, regelmäßig Besuchergruppen zu «übernehmen». Besuchergruppen kommen vor allem mit sogenannten politischen Informationsfahrten, für die jede Abgeordnete Bürger aus ihrem Wahlkreis in die Hauptstadt einladen darf. Neben Stadtführungen und Besuchen bei Ministerien gehört oft auch eine Stippvisite in der jeweiligen Parteizentrale dazu.

Mein damaliger Lieblingskollege fand Besuchergruppen super. Mein Lieblingskollege arbeitete ja auch in der Öffentlichkeitsarbeit und musste sich hauptberuflich in den Wähler einfühlen. Und weil man in Berlin-Mitte so schwer Wähler findet, die zum Beispiel in Leinfelden-Echterdingen wohnen, hat er sich immer gefreut, wenn Besuch von außerhalb vorbeikam, mit dem er reden konnte. Ich dagegen musste mich hauptberuflich in Journalisten einfühlen. Und Journalisten interessiert vor allem die eigene Deadline und nicht, ob die Pressesprecherin um 16 Uhr eine feste Verabredung mit einem Bus voller Darmstädter hat, um über TTIP und die Pflegeversicherung zu diskutieren.

So stehe ich eines Tages mal wieder mit Druckerschwärze im Gesicht (vom morgendlichen Zeitungslesen) und nur halb in der Hose steckendem Hemd im Erdgeschoss unserer Parteizentrale und klicke etwas unkonzentriert und hektisch durch eine PowerPoint-Präsentation, mit der ich die Struktur der grünen Partei und ihre Geschichte erklären möchte.

«So. Gibt es von Ihrer Seite aus denn Fragen?»

Ich rede zu schnell, wenn ich im Stress bin, und deswegen hat die Präsentation nur fünf statt zwanzig Minuten gedauert. Es bleiben noch 55 Minuten, die ich mit Fragenbeantworten und Diskussion füllen muss.

Niemand meldet sich.

«Sie dürfen alles fragen.»

Schweigen.

«Wirklich alles.»

Schweigen.

«Ich weiß natürlich nicht, ob ich Ihnen alles beantworten kann, denn als Pressesprecherin weiß man zwar über alles ein bisschen, aber nur über ein bisschen alles.»

Keiner lacht. Der Spruch funktioniert normalerweise immer. Der Mitarbeiter aus dem Wahlkreis, der die Gruppe begleitet, schaut mich ratlos an. Ich fummele ein bisschen am Pultmikro herum, das vor mir steht, obwohl der Raum eigentlich klein genug für meine Stimme ist.

Hinten links ringt sich schüchtern eine Hand nach oben.

«Ja! Sie! Da hinten.»

«Also, ich will eigentlich gar nichts fragen. Nur was sagen.»

«Nur los!» Yeah. Das Eis ist gebrochen.

«Ich finde es schade, dass von den Grünen nichts zum Thema TTIP kommt.»

Ich bin ein bisschen sprachlos. Nein, ich bin entsetzt. Seit Monaten geht es in den Vorstandssitzungen um nichts anderes als die Kampagne gegen das Handelsabkommen zwischen der EU und den USA («*Das* Thema im Europa-Wahlkampf! Das bewegt die Menschen!»). Die Kollegen in der Öffentlichkeitsarbeit basteln quasi nur noch an Chlorhühnchen aus Gummi, stecken Praktikanten in Gen-Mais-Kostüme, und die Parteivorsitzenden laufen auf so ziemlich jeder Demo zu dem Thema mit. Jedes Interview eines Grünen-Politikers dreht sich um: TTIP rauf und runter. Umweltschutzstandards. Sozialstandards. Schiedsgerichte. Aushöhlung der Demokratie. TTIP. TTIP. TTIP. Bis der Gaumen brennt vor lauter Ts.

«Wie meinen Sie das jetzt?» Ich bin immer noch ein bisschen verdattert.

«Na, ich finde, das ist ein Thema, da könnten die Grünen doch richtig mit punkten. Wieso hört man davon bei euch nichts? Gar nichts! Sie könnten ja zum Beispiel mal eine Unterschriftenaktion oder so dazu starten.»

Der Rest der Gruppe nickt enthusiastisch.

Von solchen Gesprächen schwärmt mein Lieblingskollege. Genau seine These: Wenn es den Politikerinnen schon zu den Ohren rauskommt, wenn die Journalisten nur noch die Augen rollen, weil die Politikerin das Interview schon wieder in dieselbe Richtung lenkt, wenn das Thema bei den Mitarbeitern ausgebrainstormt ist, wenn man denkt, man hat die Wählerinnen damit zu Tode gelangweilt – dann hat es da draußen vielleicht gerade mal einer mitbekommen. Oder wie in diesem Fall: kein Arsch.

Bestimmt steht irgendwo in der CSU-Parteizentrale auch eine Mitarbeiterin vor einer Besuchergruppe und bekommt gesagt, dass die CSU das Thema Zuwanderung total verschlafen hat. Immer mehr Flüchtlinge kommen. Und was hört man von der CSU dazu? Nüscht!

8 Der Wähler ist manchmal ein bisschen irre

Was Umfragen alles verraten

«Steht schon fest, wann Ihre Partei einen Kanzlerkandidaten aufstellt?», fragt die Redakteurin ganz, ganz unschuldig. Es ist 2011, und die Grünen stehen in den Umfragen tatsächlich vor der SPD. In Baden-Württemberg – seit Gründung der Bundesrepublik immer, wirklich immer, in CDU-Hand – wurde gerade ein Grüner zum Ministerpräsidenten gewählt. Läuft also. Trotzdem kein Grund für Übermut. Die Journalistin ist von meinem Abwinken nicht überzeugt. «Erzählen Sie mir doch nicht, dass Sie bei sich intern noch nie darüber nachgedacht haben!»

Was soll ich sagen. Sind die Umfragen schlecht, muss man sie sich irgendwie schönreden. Oder besser wegreden. «Umfragewerte sind keine Wahlergebnisse» oder so ähnlich. Sind die Umfragewerte hingegen zu gut, kann man sie schlecht schlechtreden. «Die Leute da draußen finden uns gar nicht soooo toll. Die rennen doch jedem Huhn mit neuem Schlips hinterher. Warten Sie mal ab. In ein paar Monaten sind wir wieder unbeliebt.» Geht leider nicht. Also kann der Politiker wie der Pressesprecher schon wieder nur sagen: «Umfragewerte sind keine Wahlergebnisse.»

Umfragen sind ein Fluch und ein Segen. Ohne sie hätten es Politiker ziemlich schwer: Wenn man an der Regierung ist, bastelt man jahrelang vor sich hin, bringt Gesetze durch den Bundestag, schafft die Atomkraft ab, schickt Soldaten in Kriegsgebiete, sprich: Man tut Dinge, die das Land und das Leben für alle darin mal mehr, mal weniger verändern. Wenn man in der Opposition ist, versucht man sein Bestes, die Regierung zu kritisieren, sobald sie Mist baut. Die Opposition sagt regelmäßig: «Guckt mal, die Regierung macht das völlig falsch. Wir würden das ganz anders machen. So zum Beispiel.» (Sprecher hält mal wieder einen dieser Zehn-Punkte-Pläne in die Kamera.) «Wärt ihr nicht froh, wenn wir regieren würden? Hm??»

Ob der Wähler das gut findet oder nicht, das erfährt man ohne Umfragen nur alle vier Jahre. Und dann nur im Rundumschlag. Wenn eine Partei bei einer Wahl fünf Prozentpunkte verliert, dann müsste sie ohne Umfragen raten, ob das an der Arbeitsmarktreform vor zwei Jahren lag oder daran, dass ein Teil der Fraktion für einen Auslandseinsatz gestimmt hat oder der andere Teil dagegen. Oder vielleicht ist der Vorsitzende zu langweilig, oder die anderen Parteien haben einen besseren Wahlkampf gemacht. Das ist ungünstig für die Parteien, weil sie nicht wissen, was sie ändern müssen – und es ist unpraktisch für die Wähler, weil sie ihren Willen nur mit einem dicken fetten Gummihammer deutlich machen können, den sie den Politikern alle vier Jahre einmal auf den Kopf hauen oder eben nicht.

In Deutschland gibt es deswegen mindestens einmal pro Woche eine Umfrage. Allen voran die Sonntagsfrage, die «Welche Partei würden Sie wählen, wenn an diesem Sonntag Bundestagswahl wäre»-Frage. Und viele, viele andere Umfragen darüber, was die Menschen über Atomkraft, Erbschaftsteuer oder Rosenkohl denken.

Problem gelöst. Toll. Dafür sind hier ganz viele neue Probleme:

Der Wähler ist ein bisschen wirr.

Wenn man mit Umfragen herausfinden möchte, was der Wähler eigentlich denkt, kommt man leicht zu dem Schluss, dass er ziemlich betrunken sein muss: «Ich weiß gar nicht, wofür die

Grünen überhaupt noch stehen, aber sie sollten unbedingt an der Regierung beteiligt sein.» Oder: «Angela Merkel ist eine gute Bundeskanzlerin, aber sie sollte ihren Platz endlich räumen.»

Wer nach der Bundestagswahl 2017 und dem Scheitern der «Jamaika»-Verhandlungen versuchte, anhand der Umfragen herauszubekommen, was die Politik denn jetzt bitte schön mit diesem Ergebnis machen sollte, dem konnte schon etwas schwindelig werden:

9. November: Die Mehrheit der Deutschen fände eine Große Koalition (kurz «GroKo») aus CDU/CSU und SPD schlecht! Die Mehrheit der Deutschen findet gleichzeitig auch «Jamaika» (CDU/CSU, FDP und Grüne) schlecht!
17. November: Die Mehrheit sagt, die SPD soll an ihrer Position festhalten und in die Opposition gehen!
7. Dezember: Die Mehrheit der Deutschen fände es gut, wenn die SPD für eine große Koalition zur Verfügung stünde, findet aber eine GroKo doof.
15. Dezember: Mehrheit für GroKo!
4. Januar: Mehrheit gegen GroKo!

Und das stammte alles wohlgemerkt von ein und demselben Umfrageinstitut. Wenn man sich dazu auch noch andere Umfragen von anderen Instituten anschaut, kann man denken, in Deutschland sind alle bekloppt. Sind sie natürlich nicht. Die Wähler sind ziemlich normal. Umgekehrt heißt das jedoch nicht, wie Trump und die AfD behaupten, dass Umfragen ALLE GEFÄLSCHT sind. Normale Menschen sind einfach ziemlich widersprüchlich, oder sie beschäftigen sich eben nicht den ganzen Tag damit, was sie jetzt von der GroKo halten sollen. Außerdem: Die Welt. Kompliziert. Furchtbar.

Umfragen sind auch kompliziert.

Umfragen sind eine superfriemelige Sache. Irgendetwas wird immer verzerrt, weil Menschen keine Roboter sind und die Befrager auch nicht. Wenn man Menschen zum Beispiel eine Ja-oder-Nein-Frage stellt, dann neigen sie grundsätzlich eher zum Ja-Sagen (Akquieszenz). Stellt man eine Frage am Anfang der Umfrage, bekommt man ein anderes Ergebnis, als wenn man sie am Ende stellt (Positionseffekt). Und dann gibt es tausend Möglichkeiten, Fragen missverständlich und absichtlich oder unabsichtlich tendenziös zu formulieren.

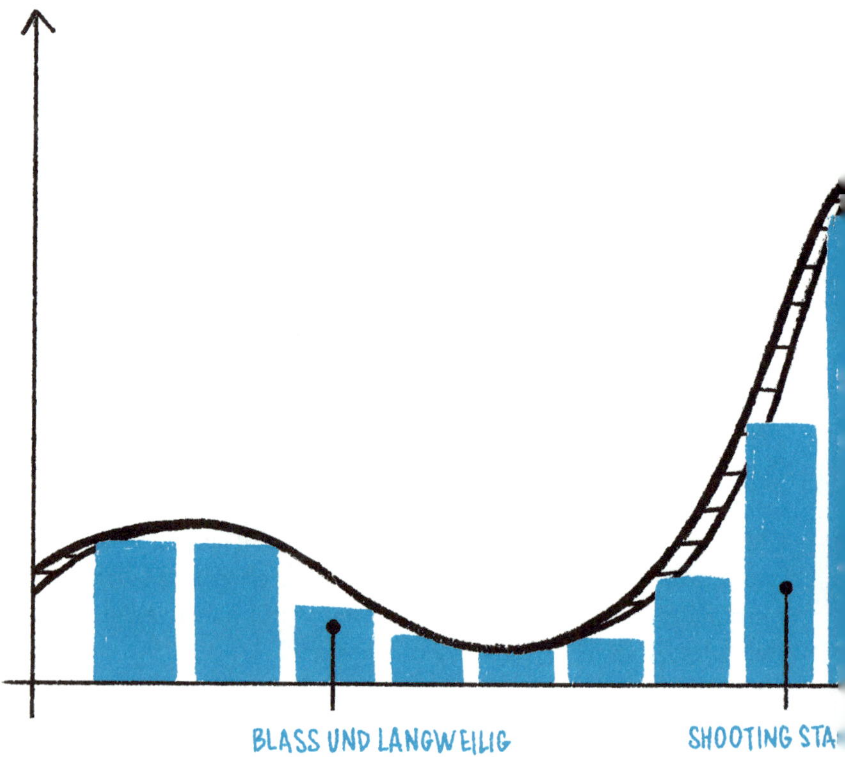

Wir sind alle Mitläufer.

Wenn wir ständig lesen, dass eine Partei laut Umfragen im Sinkflug ist, beeinflusst das auch, wie wir über diese Partei denken. Am stärksten trifft dieser Effekt regelmäßig die SPD. Auf Talfahrt. Im Sturzflug. Loser-Partei. Wenn man sowas oft genug liest, dann will man die gar nicht mehr wählen. Wer will am Wahlabend schon auf der Seite der Loser stehen?

Oder genau das Gegenteil.

Nehmen wir an, die FDP liegt vor der Wahl in den Umfragen bei knapp fünf Prozent. Der eine oder andere CDU-Wähler wird dann vielleicht aus Mitleid doch ausnahmsweise die FDP

wählen, um ihr über die Fünf-Prozent-Hürde zu helfen. Das nennt man tatsächlich auch den Mitleidseffekt.

Wahlkämpfer haben auch Gefühle.

Versuch mal, erschöpfte Parteimitglieder von der Basis zu motivieren, sich in Wind und Wetter auf den Marktplatz oder vor den Bahnhof zu stellen und gestressten Shoppern und Pendlern Broschüren in die Hand zu drücken, wenn sie ständig hören müssen, dass ihre Partei sowieso keine Chance mehr hat, die Wahl zu gewinnen. Umgekehrt kann Spitzenpolitikern, die am Ende des Wahlkampfs (wenn überhaupt noch) auf dem Zahnfleisch gehen, ein Aufwärtstrend in den Umfragen nochmal neue Energie für den Endspurt geben.

Der Wahlkampf wird zum Pferderennen.

Wenn sich alles nur noch um Umfrageergebnisse dreht, besonders kurz vor Wahlen, dann wird naturgemäß weniger über die Inhalte geredet. Sondern nur noch darüber, wer eine Chance hat, welche Koalitionen rechnerisch möglich sind, wer die Nase vorn hat. Das hat dann wenig mit Politik zu tun und mehr mit der Berichterstattung über Pferderennen.

Alles ist relativ.

2005 hat Merkels CDU die Bundestagswahl gewonnen und Schröders SPD verloren. Trotzdem taten alle (inklusive Schröder) so, als wäre es umgekehrt. Warum? Ein paar Wochen zuvor war die Union bei knapp unter fünfzig Prozent gesehen worden, meilenweit vor der SPD. Am Ende lag sie doch nur knapp vor ihr. 2011 hatten die Grünen über Monate hinweg in den Umfragen dicke über zwanzig Prozent, doch 2013 landete die Partei bei 8,4 Prozent. Ein Desaster. 2017 schließlich wurden die Grünen in den Umfragen in die Nähe der gefährlichen fünf Prozent gerückt. Am Wahlabend holten sie 8,9 Prozent. Und alle: Yeah! Voller Erfolg!

Wähler sind treulose Tomaten.

Immer mehr Wähler entscheiden sich immer kurzfristiger. Für die Umfragen ist das ein Problem, weil sie diese Wähler nicht berücksichtigen können und deswegen zu ungenauen Ergebnissen kommen. Für die Politik ist das auch ein Problem, weil es so in den letzten Tagen vor der Wahl nicht mehr darum geht, was man die letzten Jahre getrieben hat, sondern darum, wer zum Schluss das meiste Geld für Ballons und Konfetti übrig hat.

9 Die kleinen Leute da draußen?

Warum der Wähler immer das unbekannte Wesen ist

Wir haben gesehen: Umfragen sind widersprüchlich, und die Kommunikation zwischen Politik und Wählern klappt nur so mittelgut. Politiker stellen sich trotzdem schön selbstbewusst ins Kommunikationschaos und erklären souverän, dass sie ganz genau wissen, was «die Leute da draußen», «das Volk», «die Bürger» oder «der kleine Mann» denken. Aber ist das alles überhaupt dasselbe?

«Die Leute da draußen»

Man weiß nicht so richtig, was «die Leute da draußen» so machen, weil sie ja, wie der Ausdruck schon sagt, da draußen sind und diejenigen, die über sie sprechen, per definitionem «hier drinnen». Vielleicht sammeln die Leute da draußen Pilze

im Wald, oder sie treiben hilflos auf offener See. Jedenfalls haben sie anscheinend Besseres zu tun, als mit den ganzen Politikern drinnen zu hocken. Deswegen kann man auch so einfach behaupten, dass man weiß, was die Leute da draußen wollen – weil sie auf jeden Fall außer Hörweite sind.

«Die Bürger»

Bürger sind nicht einfach nur Menschen. Bürger zu sein ist eine Aufgabe. Bürger sind ordentlich angezogen, nehmen an jeder Wahl teil, gehen zu Podiumsdiskussionen (nur als Zuschauer) und zu öffentlichen Anhörungen über die neue Umgehungsstraße. Bürger haben sich lange hingesetzt und überlegt, was sie von der Politik so wollen, und dann gehen sie auf Bürgersteigen zu Bürgersprechstunden, um Bürgerbegehren vorzutragen.

«Die kleinen Leute»

Dieser Ausdruck meint die Menschen, die hart arbeiten, wenig verdienen und von der Politik tendenziell übersehen werden. Und gleichzeitig sagt er zu ihnen: Ihr seid klein und schwach und machtlos, deswegen müssen wir Großen von der Politik auf euch aufpassen und uns kümmern. «Hier, trink erst mal ein schönes Glas warme Milch!», sagt der Politiker zum kleinen Mann, bevor er auf die Serviette spuckt, um dem kleinen Mann liebevoll das Montageöl von der Stirn zu putzen.

«Das Volk»

Das Volk ist ein sehr zerrupftes, trauriges Wesen, denn dem Volk wird laut denen, die es beschwören, dauernd irgendetwas Gemeines angetan. Es wird belogen, verarscht, in die Irre geführt, verkauft. Dann erhebt es sich irgendwann zornig und beißt um sich. Im Gegensatz zu «den Leuten» oder «den Menschen» ist das Volk nicht viele, sondern eins. Das macht es den Politikern, die es zu kennen behaupten, viel, viel einfacher. Statt Millionen verschiedene Interessen so unter einen Hut zu bringen, dass alle irgendwie zufrieden sind, hat man lediglich auf einen einzigen Volkswillen zu hören. Den muss man dem Volk nur entlocken und: Voilà! Alles gut! Wer dann immer noch quengelt, gehört nicht zum Volk und hat Pech gehabt.

Es gibt kein richtiges Leben im falschen
Ich sage euch: Das Problem ist doch, dass wir als Partei den Wähler nicht ernst nehmen. Das ist ein Problem der Ansprache. Ja. Wir müssen die Sprache des Wählers sprechen. Und nicht so einen abgehobenen, elitären Quatsch!

Wir sind voll dein Ding!
Ich hab immer gesagt: Wir müssen den Wähler ernst nehmen. Aber wir tun immer so, als sei der Wähler ein bisschen blöd. Dieses furchtbar peinliche Anbiedern. Echt.

Wir brauchen Einwanderung! Stopp den Fachkräftemangel!
Ich hab immer schon gesagt: Wir haben ein Problem. Wir nehmen den Wähler nicht richtig ernst. Ja. Der Wähler weiß doch, was er sieht und fühlt. Und da kann man als Politiker doch nicht einfach hingehen und sagen: Das stimmt alles nicht. Was er fühlt. Dann fühlt er sich nicht ernst genommen.

Einwanderung stoppen! Der Untergang des Abendlandes naht!
Ich hab immer schon gesagt: Wir müssen aufhören, den Wähler nicht ernst zu nehmen. Ja. Der Wähler will von uns keine Schwarzmalerei. Der Wähler will nicht, dass wir mit seinen Ängsten spielen. Der Wähler will von uns, dass wir die Probleme lösen.

TEIL III

VERLOGEN UND KORRUPT?

10 Niemand hat die Absicht …

Weshalb Politiker so viele falsche Versprechungen machen

Politikern wird einiges vorgeworfen, was nicht stimmt. Aber eine Sache lässt sich kaum bestreiten: dass Politiker oft nicht das machen, wovon sie irgendwann mal gesagt haben, dass sie es tun wollen. Oder genau das machen, wovon sie vorher noch gesagt haben, dass sie es niemals, NIEMALS tun würden. Die berühmten falschen Versprechen. Ich sage bewusst nicht «Lügen». Denn Politiker sind ein bisschen wie mein Mitbewohner, der verspricht, neues Klopapier zu kaufen – und dann war der Supermarkt schon zu, oder er hat auf dem Weg zum Supermarkt einen Kumpel getroffen und war bis um vier Uhr in der Bar, oder er hat es einfach vergessen. Vielleicht hat er auch gar nicht vorgehabt, Klopapier zu kaufen, und hat tatsächlich gelogen. Aber ich finde, man sollte der Fairness halber auch bei Politikern erst einmal überlegen, ob es nicht andere Erklärungen gibt, warum sie nicht das gemacht haben, was sie versprochen haben.

Erklärung 1: Sie ändern ihre Meinung.

«So sehr ich mich im Herbst letzten Jahres im Rahmen unseres umfassenden Energiekonzepts auch für die Verlängerung der Laufzeiten der deutschen Kernkraftwerke eingesetzt habe, so unmissverständlich stelle ich heute vor diesem Haus fest: Fukushima hat meine Haltung zur Kernenergie verändert.»
(Angela Merkel, 9. Juni 2011)

«Hallo Pluto? Ja, hier ist die Erde. Es tut uns leid, aber wir haben es uns hier unten doch anders überlegt. Du bist einfach ein bisschen zu klein, um ein Planet zu sein. Sorry. Schade auch um die ganzen Fan-Artikel und Erdkundeunterrichtsmaterialien …»
(Planet Erde, 24. August 2006)

Menschen, die ihre Meinung ändern, sollte man einen Orden verleihen. Die eigene Meinung zu ändern ist nämlich furchtbar schwierig, und deswegen machen wir das auch so selten. Eigentlich nie. Und noch seltener, wenn es um unsere politischen Meinungen geht. Eine großangelegte Studie zum Thema «Was macht man bloß mit Impfgegnern?» kam zu dem Ergebnis: Egal, ob man mit Fakten kommt, mit emotionalen Geschichten oder schrecklichen Fotos – nichts, aber auch gar nichts kann Impfgegner davon überzeugen, ihre Meinung zu ändern. Im Gegenteil. Je mehr Fakten zu den Vorteilen von Schutzimpfungen und den Risiken für nicht geimpfte Kinder vorgebracht wurden, umso stärker wurde ihre Überzeugung, dass Impfen schlecht ist. Diese Mechanismen treffen nicht nur auf Impfgegner zu, sondern auf die meisten Menschen, die eine Meinung zu einem Thema haben, das ihnen wichtig ist. Der für die Studie verantwortliche Wissenschaftler fasste seine Ergebnisse so zusammen: «Es ist deprimierend. Wir sind definitiv deprimiert.»

Für Politiker ist es nochmal viel schwieriger, ihre Meinung zu ändern, weil sie dann schnell den Ruf weghaben, ein Fähnchen im Wind zu sein. Wankelmütig. Flip-Flopper oder im schlimmsten Fall Lügner. Und wer sagt, er ist nach reiflicher Überlegung zu dem Schluss gekommen, dass seine Position falsch war, der muss sich natürlich den Vorwurf gefallen lassen, dass er vielleicht vorher etwas gründlicher hätte nachdenken sollen.

Erklärungsfaktor: 3/10. Politiker können eine ganze Menge anderer Gründe haben, erst das eine zu behaupten und dann das andere. «Ich hab mich von neuen Fakten überzeugen lassen» oder «Ich bin meinem Herzen gefolgt» ist als Begründung natürlich deutlich attraktiver als «Hätte ich das vorher gesagt, hätten Sie mich ja nicht gewählt, oder?».

Erklärung 2: Sie können sich nicht durchsetzen.

«Mit mir wird es keine PKW-Maut geben.»
(Angela Merkel im «Kanzlerduell», 1. September 2013)
«Um es klar zu sagen: Die Maut steht im Koalitionsvertrag, und sie wird kommen.»
(Angela Merkel, 1. September 2014)

«Und zum Schluss wäre ich doch wieder der Einzige, der mit dem Hund raus muss. Nur über meine Leiche.»
(Papa, 1. September 2013)
«Kann mir jemand kurz Schnuckis Leine bringen? Ich hab schon Gummistiefel an!»
(Papa, 1. September 2014)

Nach jeder Bundestagswahl das Gleiche. Immer diese doofen Koalitionsverhandlungen. Immer diese ganzen Kompromisse. Nervig. Wirklich. Und hinterher müssen alle vors Mikro und erklären, warum die Maut doch kommt oder die Mehrwertsteuererhöhung. Und warum man plötzlich Dinge mitträgt, die man vorher zu roten Linien erklärt hat. Das Problem mit dem Regieren ist nämlich, dass man nicht nur die Menschen regiert, die einen gewählt haben, sondern auch alle anderen. Außerdem kann man (zumindest in Deutschland) meistens nicht nur mit seiner eigenen Partei regieren, sondern braucht Koalitionspartner. Und dann ist da auch noch der Bundesrat. Und das Bundesverfassungsgericht. Und der Europäische Gerichtshof. Und das Europäische Parlament. Und die EU-Kommission.

Kurz: Man schiebt vorne eine politische Idee hinein, und hinten kommt etwas heraus, das mit viel Wohlwollen, Fantasie und ohne Kontaktlinsen eine gewisse Ähnlichkeit mit dieser Idee hat.

Erklärungsfaktor: 8/10. Politiker sind keine Diktatoren auf Zeit. Nur weil sie etwas möchten, heißt das nicht, dass es hinterher auch so passiert. Aber weil man im Wahlkampf ja nicht schon mal prophylaktisch die Positionen des politischen Gegners mit übernehmen kann, sondern den Wählern erzählen will, was man tun würde, wenn man könnte, wie man wollte, muss man hinterher eben schlecht gelaunt zurückrudern.

Erklärung 3: Nur Idioten versuchen es mit der Wahrheit.

«Und ich bin mehr denn je überzeugt, dass wir in den nächsten drei bis vier Jahren in den neuen Bundesländern blühende Landschaften gestalten werden.»
(Helmut Kohl, 1991)

«Es liegt nicht an dir, es liegt an mir.»
(Jeder Schlussmacher und jede Schlussmacherin, immer)

Stell dir vor, du stehst vor dem Traualtar, mit der Frau deiner Träume, und der Pfarrer fragt sie: «Nimmst du den hier anwesenden Bräutigam als deinen Mann, und versprichst du, ihm die Treue zu halten in guten und schlechten Tagen, in Gesundheit und Krankheit, und ihn zu lieben, zu achten und zu ehren, bis dass der Tod euch scheidet?» Und deine Seelenverwandte schaut dir tief in die Augen und antwortet: «Ähm. Ich kann das versuchen, aber natürlich nichts versprechen. Besonders, was das mit dem ‹in guten wie in schlechten Tagen› betrifft: Von wie ‹schlecht› reden wir denn hier? Heißt das bei Morgenmuffeligkeit, Regenwetter und leichter Grippe? Oder bei Heroinabhängigkeit, Wachkoma und Verurteilung zu lebenslanger Haft wegen dreifachen Mordes⸮ Ich fände es gut, wenn wir das ein bisschen differenzierten. Und bis der Tod uns scheidet⸮ Ich würde realistischerweise erst einmal sechs, sieben Jahre vorschlagen, und dann schauen wir uns das Ganze gemeinsam nochmal in Ruhe an, okay⸮»

Egal, wie ehrlich und vernünftig das sein mag, heiraten würdest du diesen Menschen trotzdem nicht, oder⸮ Lieber nimmst

du jemanden, der aus vollem Herzen «Ja! Für immer! Und ewig!» ruft, auch wenn du weißt, dass er das wahrscheinlich nicht durchhalten kann.

Die Leute mögen die großen Ideen und nicht die ehrliche Beschreibung der Problemlage. Sie belohnen diejenigen Politiker, die ihnen den Himmel in den rosarotesten Farben malen, die versprechen, alle Probleme ganz einfach zu lösen. Die Steuern runter, die Renten rauf – und einmal in der Woche kommen sie zum Meerschweinchenkäfig-Ausmisten vorbei. Versprochen. Es ist traurig, aber wahr: Mit unbequemen Wahrheiten gewinnt man zwar Glaubwürdigkeit, aber keine Wahlen.

Erklärungsfaktor: 7/10. Wenn der Unterschied zwischen dem, was man verspricht, und dem, was man hinterher macht, zu groß ist, dann bestrafen einen die Wähler auch.

11 Buschkowskys Kiste

Manchmal muss man einfach ein bisschen schummeln

«Der Herr Özdemir steht auf Buschkowskys Kiste!» Ich hatte mich bei der Redakteurin gerade erkundigt, warum mein Chef auf dem Bildschirm neben dem provisorischen TV-Studio plötzlich so groß aussieht wie Ulrich Deppendorf, damals Chefredakteur des ARD-Hauptstadtstudios. Man muss sich als Prominenter, also auch als Politiker, regelmäßig anhören, dass man entweder «viel kleiner aussieht als im Fernsehen» oder «viel größer», «viel besser» oder «gar nicht so dick». Cem Özdemir ist genauso groß, wie alle denken: nicht kleiner, nicht größer. Wohingegen Ulrich Deppendorf um einiges größer ist als ungefähr alle. Nur steht Cem Özdemir jetzt auf der Kiste, die ein ARD-Mitarbeiter ursprünglich für Heinz Buschkowsky hingestellt hat, weil der eben etwas kleiner ist als der Durchschnittsmann. Und wenn ein etwas kleinerer Mann (Buschkowsky) und ein sehr großer Mann (Deppendorf) im Fernsehen aufeinandertreffen, denkt man, eine Giraffe unterhalte sich mit einem Babypanda. Deswegen stellt man kleine Menschen meistens auf Kisten. Großen Menschen kann man ja schlecht ein Loch in den Boden baggern. Sie haben deshalb oft Pech, wenn sie in der Unterzahl sind: Dank des grünen Bundesgeschäftsführers Michael Kellner sieht die Generalsekretärsrunde nach Landtagswahlen immer so aus, als sei der Hulk uneingeladen zu Barbies Teestündchen aufgetaucht.

Heinz Buschkowsky ist bekanntlich der ehemalige SPD-Bürgermeister von Neukölln, und weil er damit als Islam- und Integrationsexperte gilt, wird er meistens in dieselben Sendungen eingeladen wie Cem Özdemir, weil der auch als Islam- und Integrationsexperte gilt, denn seine Eltern kommen aus der Türkei. Heute ist wieder so eine Sendung. Nach den Anschlägen auf die Satire-Zeitschrift *Charlie Hebdo* in Paris haben muslimische Verbände zu einer Mahnwache am Brandenburger Tor aufgerufen. Alle Chefinnen und Chefs der großen Parteien und Vertreter anderer Religionsgemeinschaften sind dabei und sollen zu einer Schweigeminute gemeinsam auf der Bühne stehen. Das Brandenburger Tor ist deswegen eine Sicherheitszone. Die ARD hat in einem Gebäude nebenan das Studio für ihre Live-Berichterstattung aufgebaut. Und Cem Özdemir soll hier kurz vor Beginn der Schweigeminute Ulrich Deppendorf noch live ein Interview geben und dann schnell runter auf die Bühne.

Als wir uns durch die Menschenmenge und das riesige Polizeiaufgebot in Richtung provisorisches ARD-Studio gequetscht haben, flüstert die zuständige Redakteurin entschuldigend: «Jetzt ist leider gerade noch Herr Buschkowsky dran.» Sowas passiert regelmäßig. «Schlecht», sage ich trotzdem. «Wir haben noch fünf Minuten.» Ich bin selten unkooperativ, aber Live-Interview hin oder her, wichtiger ist, dass Cem Özdemir auf dem Bild von der Bühne, das hinterher in der *Tagesschau* und am nächsten Morgen auf allen Titelseiten zu sehen sein wird, nicht als Einziger fehlt. Also schnell in einer fließenden Bewegung Buschkowsky raus aus der Kulisse, Cem rein in die Kulisse – und zack steht er auf Buschkowskys Kiste, die man in der Eile nicht weggenommen hat.

Kein Beinbruch. Aber wie ich die aufmerksamen Zuschauer kenne, kriegen wir am nächsten Tag Post wegen demokratiegefährdender Größenschummelei. Zuschauerinnen merken so was sofort. Zuschauerinnen merken alles. Ein eifriger Bürger beschwerte sich einmal, man könne doch nicht als Grüner (gemeint war Cem Özdemir) im *Morgenmagazin* mit einem umweltverschmutzenden Pappbecher auftauchen. Von wegen Vorbild und so. Der Lieblingsmitarbeiter aus Cems Büro leitete die Beschwerde vorwurfsvoll an die Pressestelle weiter mit dem charmanten Hinweis: «Auf so was zu achten ist doch euer Job!!!» Natürlich hatte er recht. Was auf dem Studiotisch neben Cem Özdemir stand, war aber bitteschön kein Pappbecher, sondern der weiße Keramikbecher mit *Morgenmagazin*-Logo, der *immer* zwischen der Moderatorin und dem Interviewpartner steht und den man auch gerne im Fan-Shop bestellen kann. Mann!!

Als Cem Özdemir nach dem Interview wieder von der Kiste steigt, hören wir, dass die Trauerveranstaltung schon angefangen hat. Wir rennen also die Treppen runter und drängeln uns über den mittlerweile gut gefüllten Platz vor dem Brandenburger Tor Richtung Bühne – nur, um von zwei Polizisten in kugelsicheren Westen aufgehalten zu werden. «Den Bühnenbereich dürfen Sie nur mit Akkreditierung betreten», erklärt uns die Beamtin. «Oh, aber ich muss da jetzt gleich rauf», entschuldigt sich Cem. «Nur mit Akkreditierung», wiederholt die Polizistin. «Da müssen Sie bitte einmal um den Bereich herumlaufen und zum Akkreditierungszelt an der Nordseite.» «Ach so, ja, hm, dann danke!», entschuldigt sich Cem Özdemir weiter und dreht nach Norden ab. Einerseits rechne ich es ihm in diesem Moment hoch an, dass er den Polizisten kein «Wissen Sie denn nicht, WER ICH BIN¿!!¿!» entgegenschleudert, andererseits haben wir für Umwege jetzt keine Zeit.

«Das ist Cem Özdemir, der Bundesvorsitzende der Grünen, und er müsste da jetzt wirklich langsam mal rauf.» Die Polizeibeamtin erschrickt (dabei habe ich es wirklich ganz nett gesagt) und macht ohne weiteres Aufheben Platz, damit Cem Özdemir auf die Bühne huschen kann. Als ich mir am nächsten Morgen im Büro die Berichterstattung anschaue, entdecke ich Cem auf den Bildern aber nur, weil ich ihn mittlerweile auch am Scheitel erkenne. Er hat sich wieder nicht in die vorderen Reihen gemogelt, wie das andere Politiker in seiner Position so gut können. Also steht er am linken Rand der Bühne in der vierten Reihe, wo man ihn kaum sieht. Hätte er mal Buschkowskys Kiste mitgenommen.

12 Schmeißt die Fuffis ins Plenum und schreit «Woah, woah»

Die Politik und das Geld

Politiker verdienen richtig viel Geld. Zumindest die, die den Job hauptberuflich machen und nicht, wie der allerallergrößte Teil von ihnen (alle, die nicht im Bundestag oder in einem Landtag oder einer Regierung sitzen), ehrenamtlich nach ihrem eigentlichen Feierabend. Für ein Jahresgehalt von 115 000 Euro kann man sich schon eine ganze Menge Taschentücher kaufen. Eine Million und hundertfünfzigtausend Taschentücher, schätzungsweise (den Mengenrabatt noch nicht eingerechnet). Hinzu kommen noch fette Pensionsansprüche – und natürlich Senf. Jede Menge Senf. Nach jedem Auftritt auf einer Wahlkampfbühne bekommen Politikerinnen in der Regel ein regionales Dankeschön vom Kreisverband in die Hand gedrückt: meistens Senf, oft Schokolade, bei den Grünen seit ein paar Jahren vermehrt auch Fair-Trade-Espressobohnen. Ich weiß nicht, wie das bei anderen Parteien ist, wahrscheinlich liegt da der prozentuale Anteil an Wurstwaren etwas höher. Aber egal. Was ich eigentlich sagen wollte: Politikern geht es materiell ziemlich gut. Ist das ein Problem? Und wenn ja, warum?

Erstes Vorurteil: Politiker verdienen zu viel Geld!

Politiker verdienen ungefähr so viel wie eine Pilotin, ein Oberarzt oder eine Bundesrichterin (und damit immer noch weniger als Manager in der Wirtschaft). Komischerweise sagt nie jemand: «Richter, diese Raubritter, ziehen uns Steuerzahlern nur das Geld aus der Tasche!» Oder: «Oberärzte machen ihren Job doch nur wegen dem dicken Gehalt!» Oder: «Piloten, wieso muss ich als Kundin eigentlich deren Luxusleben finanzieren?» Im Gegenteil: Piloten, Ärztinnen und Richter sind die Berufsgruppen, für die die Deutschen am meisten Respekt aufbringen.

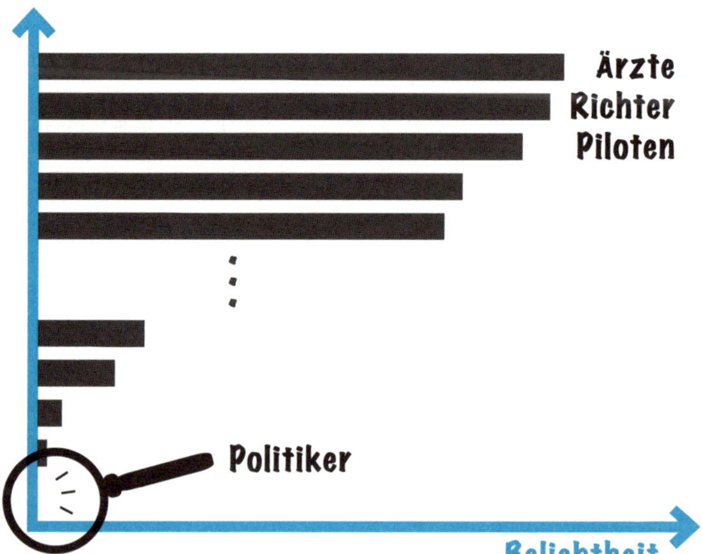

Zweites Vorurteil: Politiker bedienen sich aus der Staatskasse!

Es wird immer wieder so getan, als bekäme man mit dem Einzug in den Bundestag die Schlüssel zu dem riesigen Goldvorrat ausgehändigt, der sich, wie wir alle wissen, im Keller des Finanzministeriums befindet. Da können Politikerinnen und Politiker dann hineinmarschieren, wenn sie mal wieder Geld für Bestechungen, den Unterhalt ihrer unehelichen Kinder oder das Ferienhäuschen brauchen. So läuft das doch, oder? Eine Journalistin kritisierte zum Beispiel einmal auf einer der größten deutschen Nachrichtenseiten die deutsche Rentenpolitik so: «Berufspolitiker (…) zahlen keinen Cent in die gesetzliche Rentenkasse. Trotzdem plündern sie diese Kasse, wenn sie Geld brauchen.»

Bitte? Natürlich können Politiker sich kein Geld aus der Rentenkasse nehmen, geschweige denn diese plündern. Richtig sind zwei Dinge: erstens, dass Politiker nicht in die Rentenkasse einzahlen, aber auch nichts herausbekommen (ihre Pensionen werden wie bei Beamten durch Steuereinnahmen finanziert). Zweitens, dass Regierungen aus Angst vor unbeliebten Steuererhöhungen gerne bestimmte politische Maßnahmen aus der Rentenkasse bezahlen, die vielleicht besser aus Steuern finanziert werden sollten. Etwa die Mütterrente.

Man kann mit guten Gründen finden, dass die Pensionen von Politikern zu hoch sind, dass Politiker auch in die Rentenkasse einzahlen sollten und dass überhaupt das ganze Rentensystem vollkommen ungerecht ist. Und man kann es auch kritisieren, wenn Politikerinnen Entscheidungen treffen, die die Rentenversicherung ungerechtfertigterweise belasten. Aber das eine hat mit dem anderen gar nichts zu tun.

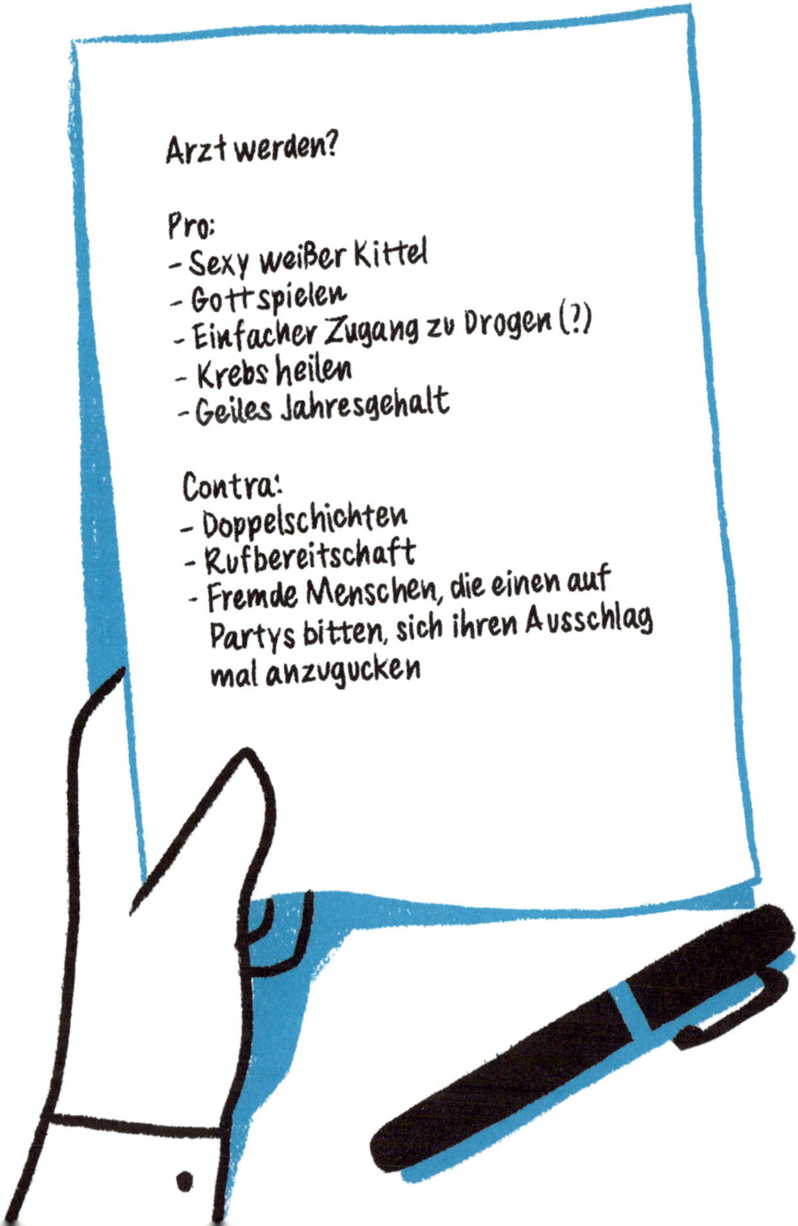
Arzt werden?
Pro:
- Sexy weißer Kittel
- Gott spielen
- Einfacher Zugang zu Drogen (?)
- Krebs heilen
- Geiles Jahresgehalt
Contra:
- Doppelschichten
- Rufbereitschaft
- Fremde Menschen, die einen auf Partys bitten, sich ihren Ausschlag mal anzugucken

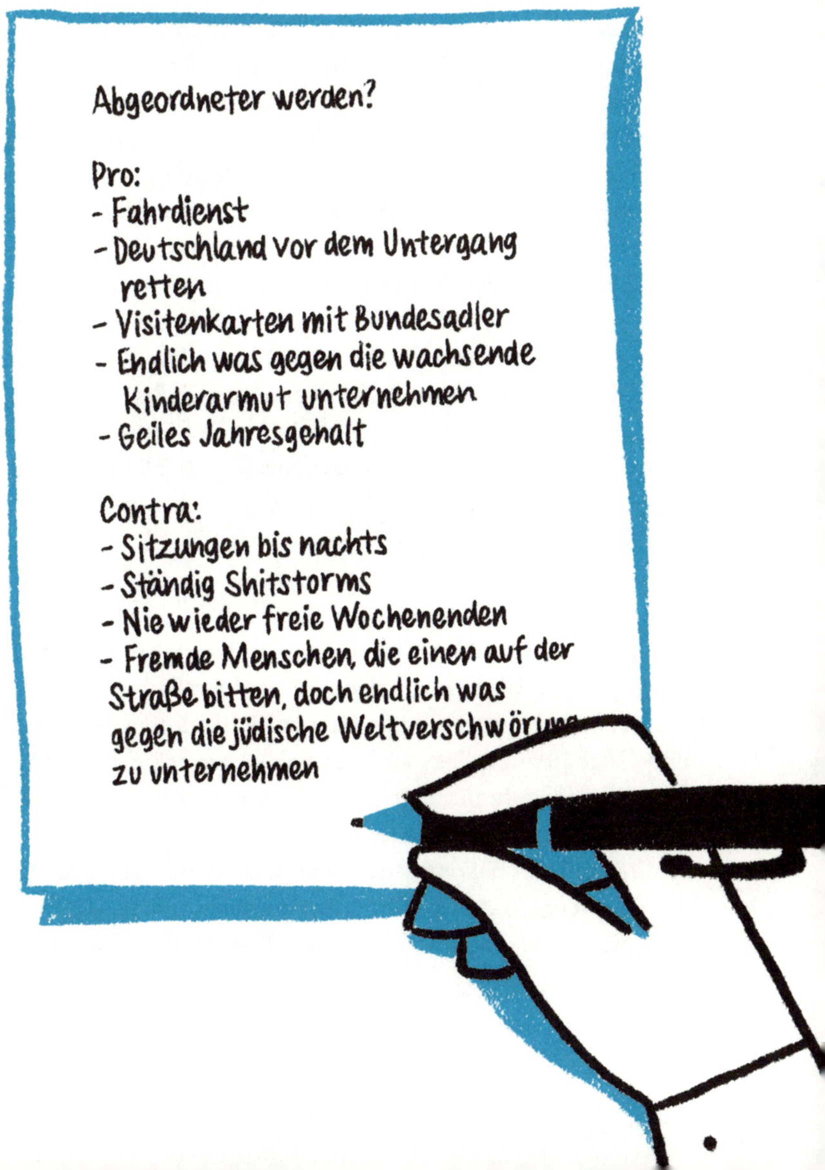
Abgeordneter werden?
Pro:
- Fahrdienst
- Deutschland vor dem Untergang retten
- Visitenkarten mit Bundesadler
- Endlich was gegen die wachsende Kinderarmut unternehmen
- Geiles Jahresgehalt
Contra:
- Sitzungen bis nachts
- Ständig Shitstorms
- Nie wieder freie Wochenenden
- Fremde Menschen, die einen auf der Straße bitten, doch endlich was gegen die jüdische Weltverschwöru
zu unternehmen

Drittes Vorurteil: Politiker machen ihren Job nur wegen des Geldes!

Wer sich fürs Geldverdienen interessiert und für nichts anderes, der sollte nicht in die Politik gehen. Da gibt es viele Berufe mit angenehmeren Arbeitszeiten, weniger Stress und mehr Lohn. Wer von einem Leben in Saus und Braus träumt, wird nicht Politiker. Während sich nämlich Schönheitschirurgen und Managerinnen beim Urlaub in Fünf-Sterne-Hotels Kaviar aufs Zimmer bestellen oder mit dickem Ferrari vor der Klinik vorfahren können, kommt so ein Verhalten von Politikern beim Wähler ganz schlecht an. Politikerinnen dürfen ihre wenigen Urlaubstage höchstens beim Wandern auf der Schwäbischen Alb oder an der Ostsee verbringen und müssen erklären, dass sie überhaupt nicht in die Karibik wollen, wo Deutschland doch so viel Schönes zu bieten hat. Ein Designerkleid tragen? Oder gar Hummer bestellen? In der Öffentlichkeit?? Als Politiker bekommst du schon Ärger, wenn du wie Peer Steinbrück zugibst, dass dein Pinot Grigio mehr als fünf Euro die Flasche kostet. Und die Berliner Politikerin Sawsan Chebli bekam einen gehörigen Shitstorm ab, weil sie es wagte, sich von ihrem eigenen Geld eine Rolex zu kaufen.

Viertes Vorurteil: Die Politiker erhöhen sich doch alle erst mal die Diäten!

Eines stimmt: Während Erzieherinnen, Metallarbeiter und, ja, auch Pilotinnen mit Trillerpfeifen vor Kindergärten, Fabriktoren und Flughäfen streiken und normale Angestellte in Gehaltsgesprächen vor ihren Chefs nervös herumstottern müssen, kann das Parlament theoretisch jederzeit selbst beschließen, wie viel seine Mitglieder bekommen. (Dabei setzt allerdings das Grundgesetz Grenzen, die das Bundesverfassungsgericht außerdem nochmal genauer definiert hat.) Gute Laune haben Bundestagsabgeordnete aber nie, wenn es um eine Diätenerhöhung geht. Denn jede kleinste Berührung dieses Themas löst garantierte Orgasmen bei den Boulevardzeitungen aus. Großes Politikverdrossenheitsfestival auf allen Kanälen. Flächendeckender Shitstorm, als würde ein ganzes Agrarflugzeuggeschwader über dem Bundestag kreisend Flüssigdünger verspritzen.

Fünftes Vorurteil:
Der Steuerzahler muss für all das wieder bluten!

Unterm Strich kostet der gesamte Bundestag jeden Bürger ungefähr elf Euro siebzig pro Jahr, also ein bisschen mehr als zwei Schachteln Zigaretten, einen Monat Netflix oder zwei Gläser Pinot Grigio. Das sollte einem das eigene Parlament vielleicht schon wert sein.

Sechstes Vorurteil:
Politiker sind korrupt!

Da wären wir wieder beim Senf. Erst mal die gute Nachricht: Auf dem internationalen Korruptionsindex aller Staaten der Welt steht Deutschland in den Top Ten der am wenigsten korrupten Länder, also irgendwo zwischen der Schweiz und Großbritannien. Und laut Bundeskriminalamt handelt es sich bei nur ungefähr einem Prozent aller Korruptionsfälle in Deutschland um solche aus der Politik. Aber was, wenn es doch mal passiert?

«Ach, korrupt, schmorrupt», sagten sich die Bürger von Guben, als ihr Bürgermeister wegen Korruption verurteilt wurde. Unter anderem hatte er einer Gartenbaufirma öffentliche Aufträge zugeschanzt als Gegenleistung dafür, dass sie ihm zuhause den Rasen mähte. Ein Fall wie aus einer schlechten Fernsehserie. «Wo ist das Problem?», dachten sich die Gubener. «Endlich mal ein Mann, der die Wirtschaft versteht!» Und so wählte eine Mehrheit den Bürgermeister wieder ins Amt, das er nach Beamtenrecht gar nicht mehr antreten durfte. Die große Mehrheit der Deutschen aber findet Korruption zum Glück schlecht.

Ach so, ja, der Senf. Politiker haben so viel Angst, als bestechlich zu gelten, dass sie Listen mit wirklich jedem Geschenk veröffentlichen, das sie aus der Wirtschaft oder von irgendwelchen Organisationen bekommen, von der Kaffeetasse über den Senf bis zum Kugelschreiber. Nicht, dass jemand auf die Idee kommt, sie hätten sich wegen eines Schlüsselanhängers mit Wasserwaage auf die dunkle Seite der Macht geschlagen.

Ein dunkler Verhörraum, zwei Kriminalbeamte, hemdsärmelig. Der eine tigert ungeduldig rauchend von einer dunklen Ecke zur anderen. Der andere lehnt sich erschöpft über den Tisch.

BEAMTER 2:
«Frau Abgeordnete Riemelt, hören Sie doch auf mit dem Versteckspiel. Ich frage Sie jetzt zum letzten Mal.» (Dreht die Tischlampe direkt in Riemelts Gesicht.) «Wie hat Sie die Atomlobby auf ihre Seite gezogen? Was war Ihr Preis? Hat man Ihren Mann entführt? Hat man angeboten, Ihre Spielschulden zu begleichen?»

RIEMELT (resigniert):
«Na gut! Ich gestehe! Es… es war ein… Kugel…schreiber!»

BEAMTER 2 (schmeißt wütend die Ermittlungsakten vom Tisch):
«Ein Kugelschreiber?? Wollen Sie uns verarschen?»

RIEMELT:

«Es war kein gewöhnlicher Kugelschreiber. Man konnte…» (Sie schluckt.)

BEAMTER 1:

«Ja? Reden Sie schon!»

RIEMELT:

«…man konnte…, also, der konnte die Farbe wechseln.»

BEAMTER 1:

«Nein!!!» (Beamter 1 und 2 schauen sich fassungslos an.)

RIEMELT:

«Doch. Also, wenn man zweimal auf die, also wenn man zweimal da oben draufdrückte, wissen Sie, danndann-dann wechselte er die Farbe.»

BEAMTER 2:

«Unfassbar! Von schwarz auf blau?»

RIEMELT:

«Ja!» (Schluchzt laut.) «Und… und auch wieder… zurück. Ich habe so was noch nie gesehen. Er war…» (weint leise) «…so wunderschön.» (Sackt erschöpft auf dem Stuhl zusammen.)

BEAMTER 2 (ringt um Fassung):

«Diese Schweine!»

13 Warum Politiker immer so viel rumschwafeln

Kleiner Tipp: Wir sind schuld!

«Können Politiker nicht einfach so reden, dass man sie versteht?», fragt Jakob. Ich habe ihn gezwungen, auf die *Tagesschau* umzuschalten, weil ich wissen möchte, ob es das Statement aus der Pressekonferenz meiner Chefin in die Sendung geschafft hat.

«Können sie. Trump zum Beispiel versteht man prima», erwidere ich.

«Aber warum reden die vernünftigen Politiker nicht mal normal und ehrlich? Immer dieses verknubbelte Rumgeschwafel ...»

Voilà – fünf Gründe, warum Politiker immer so rumschwafeln:

1. Du kannst nicht immer alles sofort wissen.

Beispiel: «Herr Ministerpräsident, können Sie uns noch kurz ein Statement geben zu den jüngsten Entwicklungen in Pakistan?»

Fuck. Vorhin bei der Vorbereitung auf die Pressekonferenz war noch nichts zu Pakistan in den Agenturmeldungen. Was kann da gewesen sein? Drohnenangriff mit vielen Toten? Religiöse Ausschreitungen wegen Koranbeleidigung? Terroranschlag? Militärputsch? Ausrufung von Neuwahlen? Erdbeben? Flut? Pakistan wurde in die deutsche Gruppe bei der WM gelost? Ich kann ja jetzt schlecht auf mein Handy schauen ...

Ehrliche Antwort: «Ich habe keine Ahnung, wovon Sie reden.»
Schlagzeile am nächsten Tag: «Ministerpräsident wird beim Thema Pakistan auf dem falschen Fuß erwischt.»

Wahrscheinliche Antwort: «Ich kann an dieser Stelle nur zur Besonnenheit aufrufen. Die relevanten Akteure werden sich mit größter Verantwortung ein Bild von der Lage verschaffen und mögliche Reaktionen prüfen.»
Schlagzeile: «Ministerpräsident ruft zur Besonnenheit auf.»

2. Du willst ein nerviges Thema nicht hochjazzen.

Beispiel: «Frau Parteivorsitzende, was halten Sie von dem Vorstoß Ihres Parteikollegen, sich für eine Besteuerung von Hamstern einzusetzen?»

Fuck. Diese olle Hamsterdiskussion schon wieder. Jetzt haben wir gerade mit Mühe und Not den Antrag unserer Jugendorganisation zu dem Thema totgekriegt, da legt uns Genosse Müller wieder so ein Ei ins Nest. Alles nur für eine doofe Online-Schlagzeile. Dabei wollten wir vor dem Parteitag nicht das Thema Hamster setzen, sondern das Thema Rente. Suuuper Agendasetting.

Ehrliche Antwort: «Seine Hamster kann sich der Kollege sonst wohin stecken. Das hauen wir auf dem Parteitag mit großer Mehrheit weg. Müller wird bei der nächsten Wahl sowieso nicht mehr aufgestellt.»
Schlagzeile: «RIESENSTREIT vor Parteitag! Parteichefin droht Abgeordnetem wegen Hamstersteuer.»

Wahrscheinliche Antwort: «Wir werden auf unserem Parteitag eine ganze Reihe von Themen besprechen und freuen uns über lebhafte Diskussionen. Der Fokus liegt aber klar beim Thema Rente, weil wir wissen, dass das vielen unserer Wähler auf den Nägeln brennt, den alten wie den jungen. Apropos Rente …»
Schlagzeile: «Parteichefin: Rente im Fokus des Parteitages.»

3. Du musst einen Kompromiss der Parteiflügel mittragen.

Beispiel: «Frau Parteivorsitzende, Sie sind eine erklärte Gegnerin der Hamsterbesteuerung. Nun wurde diese zu großen Teilen auf dem Parteitag beschlossen. Was sagen Sie dazu?»

Fuck. Ist hier irgendwo ein Loch? Nein? Mist. Wenn ich mir ganz schnell eine Zimtschnecke in den Mund stecke und so tue, als hätte ich mich verschluckt, dann kann ich vielleicht wegrennen …

Ehrliche Antwort: «Hamsterbesteuerung ist trotzdem eine bescheuerte Idee.»
Schlagzeile: «Parteichefin nennt Entscheidung der eigenen Partei ‹bescheuert›.»

Wahrscheinliche Antwort: «Naja, also, wir haben keine generelle Hamsterbesteuerung beschlossen, gegen die ich mich ja ausgesprochen habe. Mit dem Kompromiss, keine Feldhamster, sondern lediglich neu erworbene Haustier-Hamster zu besteuern, konnten wir eine zusätzliche Belastung der Landwirte umgehen. Und wir werden eine parteiinterne Kommission einsetzen, die prüft, ob der Erwerb von Salzlecksteinen steuerlich gefördert werden kann.»
Schlagzeile: «Partei beschließt Hamsterbesteuerung.»

4. Die Materie ist leider scheißkompliziert.

Beispiel: «Frau Abgeordnete, Sie fordern die Austrocknung bankähnlicher CNAV-Geldmarktfonds. Warum?»

Uff.

Ehrliche Antwort: «Uff. Soll ich wirklich?»
Schlagzeile: «Die zehn beliebtesten Babynamen des Jahres.»

Wahrscheinliche Antwort: «Also … wie Bankeinlagen bieten Geldmarktfonds Anlegern sofortigen Zugang zu Liquidität und relative Wertbeständigkeit. Aufgrund der Fristeninkongruenz zwischen der täglichen Liquidität, die ein Geldmarktfonds den Anlegern bietet, und der Liquidität der im Portfolio des Fonds enthaltenen Vermögenswerte ist eine sofortige Rücknahme nicht immer möglich. Die mit der Anlegerflucht verbundenen Probleme sind systemisch, weil die Geldmarktfonds bei der Deckung des kurzfristigen Finanzierungsbedarfs von Emittenten eine Rolle spielen, die sich über den Geldmarkt finanzieren …»
Schlagzeile: «Abgeordnete: Geldmarktfonds austrocknen.»

5. Die Frage ist doof.

Beispiel: «Herr Spitzenkandidat, würden Sie gerne Außenminister werden, wenn Ihre Partei mit an die Regierung kommt?»

Die wissen doch genau, dass ich so eine Frage nicht beantworten kann. Natürlich würde ich gerne Außenminister werden. Ich kenne den Nahen Osten wie meine Westentasche und habe mir in den letzten Jahren den Arsch aufgerissen. Ich spreche fünf Sprachen fließend. Und die verkorkste Nordafrika-Strategie der Bundesregierung schreit nach einem Wechsel im Ministerium. Ich wäre nichts lieber als Außenminister. Aber ich wäre auch gerne zehn Zentimeter größer, muskulös und mit Natalie Portman verheiratet. Von daher ist das erst mal egal, was ich will. Sonst heißt es hinterher wieder, Politiker schielen nur auf Posten.

Ehrliche Antwort: «Ja, klar.»
Schlagzeile: «Spitzenkandidat sieht sich schon im Außenministerium.»

Wahrscheinliche Antwort: «Uns geht es nicht um das Amt, uns geht es erst einmal darum, die Wählerinnen und Wähler von unseren Inhalten zu überzeugen und die jetzige Koalition mit ihrer Politik des Stillstandes abzulösen.»
Schlagzeile: «Hunderte Todesfälle durch Bärenangriffe.»

14 Die Zehn Gebote für den perfekten Politiker

Wieso man es nie allen recht machen kann

«Kann uns die Parteivorsitzende vielleicht eine Reaktion auf die Sommerpressekonferenz der Kanzlerin geben?», fragt die Planungsredakteurin etwas verzweifelt. Es ist Sommerpause. Das politische Berlin ist so leer wie das Herz von Donald Trump. Die Politiker sind entweder im Urlaub oder auf Deutschlandtour, wo sie sich Mostabfüllanlagen, Windräder, integrative Kindergärten und Bio-Eisdielen anschauen. Die Abendnachrichten müssen trotzdem mit Statements von Politikern gefüllt werden. Leider sind auch bei uns gerade alle Spitzenpolitikerinnen irgendwo anders.

«Sieht schlecht aus. Sie ist momentan in Saarbrücken. Vielleicht nehmen Sie jemanden aus der Fraktion?»

«Na, wir hätten schon gerne die Parteispitze. Vielleicht könnten wir ein Team vom Saarländischen Rundfunk schicken?»

«Sie muss aber um 14:30 Uhr zum Zug. Und bis dahin ist die Pressekonferenz wahrscheinlich noch nicht vorbei.»

«Hm.» Die Redakteurin überlegt kurz. «Ja, das würden wir trotzdem gerne mitnehmen. Ein paar Kritikpunkte kann man da ja bestimmt schon anbringen.»

Simone Peter gibt also um 14:30 Uhr das Statement, um das sie der Sender gebeten hat, während Angela Merkel in Berlin noch die letzten Journalistenfragen beantwortet.

Einige Zeit später stoße ich auf einen Blogeintrag auf der Seite desselben Senders, in dem sich ein anderer Redakteur über die «Empörungsrituale» der Politiker auslässt. Sein Beispiel: Simone Peter gibt ein Statement zur Sommerpressekonferenz der Kanzlerin, noch bevor die vorbei ist. So was von unseriös, diese Politiker!

Zehn Gebote für Politiker

1. Seien Sie ansprechbar! Immer! Sofort! Sie sitzen gerade auf der Freibadrutsche? Im Kino? Beim Zahnarzt? Beim Dalai Lama? Auf Ihrer eigenen Hochzeit? Auf dem Klo? Kommen Sie sofort da runter und stellen Sie sich vor die Kamera! Sofort! Und denken Sie nicht einmal daran, sich ein Problem in Ruhe anschauen und analysieren zu wollen. Wir brauchen eine Reaktion. SOFORT! Sie sind Repräsentantin des Volkes, und als solche müssen Sie zu allem jederzeit sprechfähig sein. Das ist Ihr Job! Sonst denkt man, Sie ducken sich weg. Oder sind faul. Oder unprofessionell. Oder alles auf einmal!
2. Erwecken Sie dabei bloß nie den Eindruck, Sie würden freiwillig vor der Kamera stehen. Oder Sie würden das gerne tun! Wollen Sie etwa als mediengeil gelten?
3. Denken Sie vor dem Mikrofon immer an eine schöne knackige Forderung. Ein Rücktritt! Eine neue Steuer! Die Todesstrafe! Dieses differenzierte Einerseits-andererseits-Geschwafel? Dieser Verordnungsreformschnarch? Das kann keiner senden, und das will auch keiner hören. Die Wähler möchten wissen, woran sie sind. Die wollen was Konkretes, Greifbares! Sonst schalten die doch gleich wieder ab.

4. Aber bitte nicht zu greifbar. Auf keinen Fall zu knackig. Eigentlich am besten gar nicht knackig. Das ist Populismus. Und Populismus ist schlimm. Wir erwarten von Politikern, alle Aspekte eines Problems mitzudenken und seriös damit umzugehen.
5. Seien Sie volksnah! Sie sind schließlich vom Volk gewählt, und das Volk möchte spüren, dass Sie noch eine von ihnen sind. Nehmen Sie sich also viel Zeit für die Teilnahme an Volksfesten, zeigen Sie, dass Sie sich nicht zu schade sind, Burger zu braten, Bier auszuschenken oder Mist zu gabeln. Die Menschen wollen keine abgehobenen, elitären Bürokraten, sondern echte Menschen aus dem wahren Leben.
6. Haben Sie etwa ein Bier und ein Bratwürstchen in der Hand? Sind Sie irre? Anstatt auf Volksfesten rumzuschunkeln und auf Staatskosten durchs Land zu fahren, um Eigen-PR zu betreiben, sollten Sie bitte im Bundestag sitzen und Ihren Job machen.
7. Arbeiten Sie an Ihrem Auftritt. Die Menschen wollen einen eloquenten Volksvertreter und kein stotterndes, fahriges Etwas, das in jedes Fettnäpfchen tritt. Seien Sie professionell. Es gibt nichts Schlimmeres als schlechte Redner. Oder Dialekte. Wenn Sie nicht wollen, dass man sich über Sie lustig macht, dann reißen Sie sich gefälligst zusammen. Sie sind schließlich nicht irgendwer, sondern müssen die Würde des Amtes verkörpern. Und kaufen Sie sich bitte eine neue Krawatte! Ihre ist ja furchtbar …
8. Seien Sie echt. Keiner will diese geleckten, geschliffenen Politiker sehen oder hören. «Authentisch» heißt das Zauberwort. Seien Sie ehrlich und geradeaus! Das macht glaubwürdig. Und sympathisch.
9. Gehen Sie mit gutem Beispiel voran. Fahren Sie mit dem Fahrrad zur Arbeit, seien Sie bei jedem Hockeyspiel Ihrer

Kinder dabei. Und achten Sie den Feierabend Ihrer Mitarbeiter. Sie sind als Politiker schließlich ein Vorbild.

10. Es sei denn, es ist Sitzungswoche. Oder Wahlkampf. Oder irgendwo ein Landtagswahlkampf. Oder Fraktionssitzung. Oder Montag. Oder Dienstag.

Wir sind eine junge, mittelständische Demokratie und suchen angehende

POLITIKER (m/w/d)

Sie bringen mit:

- Überdurchschnittlichen Studienabschluss (idealerweise in Politikwissenschaft oder Jura)
- Mehrjährige Erfahrung im «echten Leben» (Baggerfahrer, Friseurin oder anderer «ehrlicher Beruf»)
- Bachelor im Drahtseiltanzen mit mindestens befriedigender Abschlussnote
- Sprachkenntnisse: Deutsch (dialektfrei), Englisch (akzentfrei), Bürokratisch (verhandlungssicher), die Sprache des kleinen Mannes (verhandlungssicher)

Wir bieten Ihnen:

- Einen befristeten Arbeitsvertrag
- Ein angemessenes Jahresgehalt
- Eine völlig übertriebene Altersversorgung
- Senf

TEIL IV

SKANDALE UND SKANDÄLCHEN

15 Schandfleckgate

Auch Politikern geht mal was daneben

«Was zur Hölle?!?» Ich lasse vor Schreck fast meinen dritten Kaffee auf die Tastatur fallen und rufe sofort den Lieblingskollegen im Büro von Cem Özdemir an. «Was ist denn in Cem gefahren?»

«Wüfo?», fragt der Lieblingskollege, offensichtlich mit einer halben Brezel im Mund.

«Die FDP als Schandfleck zu bezeichnen ist doch ein bisschen krass, oder? Das passt gar nicht zu ihm.» Am Ende der Leitung fällt, dem Geräusch nach zu urteilen, eine halbe Brezel auf eine Tastatur.

«Er hat was???»

Ich lese ihm das direkte Zitat aus der Agenturmeldung vor: «Wir wollen dafür sorgen, dass der Schandfleck FDP aus den Parlamenten verschwindet.» Das Zitat stammt aus einer Rede Cem Özdemirs auf dem Parteitag der sächsischen Grünen.

«Das kann nicht sein! Das hat er nicht über die FDP gesagt! Das wäre ja absurd. Da hat er doch eindeutig die NPD gemeint! Das musst du sofort richtigstellen lassen!!!»

Richtigstellen lassen darf ich immer, wenn Journalisten etwas Falsches geschrieben haben. Aber es muss dann so richtig falsch sein. Also Fakten, die falsch sein können, oder genauer gesagt: Fakten, die tatsächlich falsch sind. Und nicht bloß Ansichtssache. Politiker bringen das manchmal durcheinander – Journalisten allerdings auch. Zum Beispiel:

Die Aussage «David Hasselhoff ist der schlechteste Musiker

der Welt» könnte die Pressesprecherin von David Hasselhoff nicht richtigstellen lassen, weil gute und schlechte Musik Geschmackssache sind.

Die Behauptung «David Hasselhoff ist die Wiedervereinigung zu verdanken» hätte der Pressesprecher von Helmut Kohl auch nicht richtigstellen lassen können. Denn welcher Faktor der entscheidende Auslöser für die Wiedervereinigung war, darüber gehen die Meinungen auseinander. Selbst wenn Helmut Kohl das wahrscheinlich ein bisschen anders sah. Genauso wie Gorbatschow. Und die Menschen in der früheren DDR (hoffentlich) auch.

«David Hasselhoffs berühmter Satz ‹Mr. Gorbachev, tear down this wall!› ging in die Geschichte ein»: Diese Behauptung hätte Ronald Reagans Pressesprecherin hingegen richtigstellen lassen können, weil sie nachweislich und eindeutig falsch ist.

«Hat er denn FDP gesagt oder NPD?», frage ich den Lieblingskollegen.

«Weiß ich nicht. Das ist doch auch völlig egal. Wichtig ist doch, dass er das nicht so gemeint hat und das da nicht so stehen bleiben kann.»

Ich rufe also bei dem Journalisten an, der die Meldung geschrieben hat. Der telefoniert noch einmal mit seiner Kollegin, die beim Parteitag in Sachsen dabei war.

«So, wir haben uns das Band jetzt nochmal angehört, Herr Özdemir hat tatsächlich FDP gesagt. Das hat die Journalisten vor Ort auch gar nicht gewundert. In Sachsen ist die FDP ja auch ein bisschen komisch drauf.»

«Aber Herr Özdemir ist jetzt nicht dafür bekannt, so krass gegen die FDP auszuteilen. Das ist gar nicht sein Stil. Er hat sich da eindeutig versprochen. Können Sie das nicht irgendwie kenntlich machen?»

«Also, Frau Jorch, jetzt mal ehrlich. Wir sind Journalisten, keine Gedankenleser. Wir können nur aufschreiben, was Menschen sagen, und nicht, was sie eigentlich denken.»

Leider hat er recht. Oder Gott sei Dank. Das ist übrigens der Grund, warum Politikerinnen und Politiker sich Ironie und Sarkasmus mühsam abtrainieren müssen. Weil es die *Süddeutsche* und die *FAZ* überhaupt nicht gut finden, wenn man bei der Interviewautorisierung Zwinkersmileys einfügt.

Mittlerweile ist die Sache auch anderen aufgefallen. FDP-Anhängern und Grünen-Hassern, was manchmal, aber nicht immer das Gleiche ist. «Undemokratisch», «Die Grünen zeigen mal wieder, dass sie keinen Anstand haben!», «Özdemir, schämen Sie sich!», so hageln die Reaktionen herein.

Der Lieblingskollege rumpelt und grumpelt ein bisschen, aber es hilft alles nichts: Wir müssen das selbst richtigstellen, oder besser: Cem Özdemir muss es richtigstellen. Und sich entschuldigen. Und zwar auf allen Kanälen. Wir verfassen also mit ihm gemeinsam ein nettes, ehrliches Statement für Facebook: Wollte NPD und nicht FDP sagen. Eifer des Gefechts. Ist mir selbst gar nicht aufgefallen, sonst hätte ich das sofort selbst korrigiert. Natürlich tut es mir leid. Die FDP ist selbstverständlich kein Schandfleck. Zack. Schnell auf Facebook und als Zitat an die Redaktion der ersten Agenturmeldung.

Außerdem will ich nochmal mit dem Journalisten reden. Denn ich habe mir mittlerweile den Radiobericht angehört.

«Ha!»

«Frau Jorch?»

«Sie haben gekürzt!»

«Ich habe gekürzt?»

«Das Zitat von Cem Özdemir, das mit dem Versprecher, das haben Sie gekürzt!», rufe ich triumphierend in den Hörer.

«Frau Jorch. Jetzt werden Sie mal nicht lustig. Natürlich habe ich gekürzt. Ich kann ja schlecht die ganze Rede abschreiben.»

«Aber auf der Audioaufnahme ist ganz klar zu hören, dass Cem Özdemir erst was zur FDP sagt, dann kommt Applaus, Applaus, Applaus, und dann kommt erst nach einer Pause das ‹Und schließlich wollen wir dafür sorgen, dass dieser Schandfleck FDP verschwindet›. Ganz klar ein neues Thema. ‹Und schließlich›!»

«Also. Ich schreibe doch nicht jedes Mal in meinen Bericht, wenn ein Politiker Applaus bekommt. Oder ob er eine Pause macht.»

«Aber Sie verstehen schon, dass bei der Frage, ob er sich versprochen hat oder nicht, eine Rolle spielt, ob er es direkt in einem Atemzug mit seiner Kritik an der FDP gesagt hat oder später?»

Schweigen am anderen Ende der Leitung. Dann: «Na gut, Frau Jorch. Ich schaue mir das für die nächste Zusammenfassung nochmal an. Und die Entschuldigung, die nehme ich auch mit.»

Geschafft. Am Abend sagen die Überschriften alle: «Özdemir nennt FDP versehentlich Schandfleck», «Özdemir entschuldigt sich». Alles nicht elegant. Aber Hauptsache, der Fehler ist behoben und die Wunde versorgt. Shit happens. Alle glücklich, denke ich. Bis ich die nächste Runde der Berichterstattung lese: «FDP-Generalsekretärin fordert eine ‹ehrliche Entschuldigung› von Özdemir.»

«Wir brauchen wahrscheinlich mit dem Essen nicht auf dich zu warten, oder ;-)», fragt Jakob per SMS. Seine Freundin wollte heute Abend irgendwas Veganes kochen.

«Wieso?», schreibe ich zurück.

Jakob schickt mir den Link zu einem Artikel: «FDP nennt Cem Özdemirs Entschuldigung eine ‹peinliche Lüge›.»

«Quatsch, ich bin in 30 Minuten da», schreibe ich Jakob. Dann schalte ich den Anrufbeantworter ein.

16 Hat da jemand «Hitler» gesagt?

Die schönsten Versprecher, Verhörer und Verklatscher

Es ist ein ruhiger Nachmittag in der Pressestelle, als ein Journalist anruft, um uns zu fragen, warum Claudia Roth den iranischen Botschafter, dem schwere Menschenrechtsverletzungen und Morde vor allem in West-Aserbaidschan vorgeworfen werden, auf der Münchner Sicherheitskonferenz gehighfivet hat. Ge-highfive-t.

«Kann gar nicht sein. So ein Quatsch.» Denken wir uns natürlich nur. Erste Regel in der Pressestelle: Alles ist möglich!

«Ich schick Ihnen mal den Link zum Video», flötet der gut gelaunte Redakteur, der schon fleißig an der Meldung bastelt. Auch noch ein Video? Ach du Schreck. Wir versammeln uns um den Monitor. Tatsächlich. Claudia Roth geht in dem Video nach ihrem Vortrag auf ihren Platz im Publikum zurück. In derselben Reihe sitzt auch der Botschafter und – ja, wirklich: Er hält ihr die Hand auf Kopfhöhe entgegen, und sie schlägt mit ihrer Hand darauf – «High Five». Was zum Teufel?!

Mein Kollege ruft sofort in Claudia Roths Büro an. «Kannst du dir das erklären?», fragt er die Kollegin.

«High Five? Das kann gar nicht sein. Der iranische Botschafter gibt Frauen *nie* die Hand. Das darf er gar nicht. Kann nicht sein!»

Fünf Minuten später steht die Kollegin mit uns zusammen vor dem Monitor. Wir schauen uns das High Five noch einmal in Zeitlupe an. «Ach du Schreck!», sagt sie. Wir müssen Claudia Roth erreichen.

Für den ihr nicht so freundlich gesinnten Teil der Medien ist die Geschichte schon geschrieben: Claudia Roth (die sich für Menschenrechte im Iran einsetzt und deswegen immer wieder dorthin fährt, iranische Delegationen trifft und mit den Vertretern des Regimes spricht) macht gemeinsame Sache mit den Mullahs und den Kurdenmördern. Faschistenversteherin! Naiver Gutmensch! Sowas nennt sich Menschenrechtlerin! Skandal!

Es dauert eine Weile, bis die Kollegin Claudia Roth auf der Sicherheitskonferenz erreicht. Als sie wieder in der Pressestelle steht, wirkt sie erleichtert: «Das war alles ganz anders!» Ganz anders? Das Video, auf dem der Botschafter Claudia Roth beim Handschlag so freudig angrinst wie ein Minion eine Banane, ist auf meinem Bildschirm als Standbild eingefroren. Wie kann das denn alles ganz anders gewesen sein?

«Also», holt die Kollegin aus. «Claudia war doch auf der Konferenz mit dem iranischen Außenminister und dem iranischen Botschafter im Gespräch wegen dem Ausreiseverbot von Jafar Panahi» (einem iranischen Regisseur, der auf der Berlinale einen Preis verliehen bekommen sollte). Ja, und? «Und der Botschafter, der Frauen niemals die Hand gibt, hält ihr plötzlich freundlich seine Hand entgegen.» Jaaaa? «Und sie versucht ihn gerade davon zu überzeugen, einen regimekritischen Regisseur ausreisen zu lassen. Und plötzlich sitzt er da, lächelt freundlich, und die Hand steht in der Luft.» Okay. «Was hättest du da gemacht? So völlig überrascht?» Hmm. Vermutlich auch kurz die Hand berührt. «Siehste.»

Wir in der Parteizentrale wussten natürlich, wie Claudia

Roth zum Iran steht: Trotz Drohungen, der Kulturminister könne sie so nicht empfangen, trug sie bei einem offiziellen Besuch im Iran ein Kleid in der Farbe des iranischen Widerstands (grün). Auf der Münchner Sicherheitskonferenz ein paar Jahre zuvor war sie die Einzige, die den iranischen Außenminister mit Fragen zu Menschenrechten löcherte. Und als die NPD bei einem Fußballspiel zwischen Deutschland und dem Iran Demonstrationen ankündigte, um die antisemitische Hetze des iranischen Präsidenten Ahmadinedschad zu unterstützen, da bot Claudia Roth an, Gegendemonstrationen mitzuorganisieren. Aber Menschen, die nur die fünf Sekunden aus dem Video sahen, wussten das nicht. Wir sind so darauf trainiert, die schlechtestmöglichen Motive für das Handeln von Politikerinnen und Politikern zu vermuten, dass wir keinen Spielraum für Grauzonen, Zwickmühlen, Missverstandnisse lassen.

Apropos Antisemiten und Nazis: Superthema. Bringt jeden Puls sofort auf 180. Wenn in Deutschland jemand wagt, Nazi-Argumente, Nazi-Rhetorik oder ein Nazi-Lob zu verwenden, dann ist er oder sie – zumindest im politischen Spektrum von der CSU bis zur Linken – sofort unten durch. Zum Glück, und erst mal zu Recht. Aber neben denen, die mit voller Absicht Nazi-Rhetorik benutzen, gibt es auch immer wieder Leute, denen das aus Versehen passiert, denen jedoch hinterher keiner glaubt. Wirklich.

SHITSTORM ODER KEIN SHITSTORM

Wie würden Sie entscheiden?

Eine grüne Politikerin in Köln nennt den Holocaust in einer Rede zum Thema Integration «einen Ausrutscher». «Wie bitte?», dachten sich so ziemlich alle, die das hörten. Oh sorry, wir haben da wohl sechs Millionen Juden ermordet. Auweia. Aber kommt bestimmt nicht wieder vor … oder wie?

Die Politikerin wirkte hinterher etwas verdattert. Sie hatte über die lange Geschichte der Religionsfreiheit in Deutschland gesprochen, und währenddessen sei ihr (sagte sie) noch eingefallen, dass sie die Diktatur der Nazis und den Holocaust da nicht *nicht* erwähnen könne. Und das habe sie dann spontan und unglücklich eingeleitet mit «… und es gibt allerdings einen Ausrutscher …».

Egal, trotzdem Shitstorm!!!

Na gut, dann halt keinen Shitstorm!

Ein Europapolitiker von der CSU spricht sich für die «finale Lösung der Flüchtlingsfrage» aus. Seine Formulierung erinnert ungut an die «Endlösung der Judenfrage» (auf Englisch heißt beides sogar gleich: «final solution») – den Begriff, mit dem die Nazis ihren Beschluss zur Ermordung der Juden verklausulierten. Sonst warnt derselbe Abgeordnete seine Partei eher vor einem Rechtsruck und spricht sich gegen Rechtspopulismus aus, ist also nicht gerade dafür bekannt, mit krudem Nazi-Jargon zu provozieren. Die Nähe seiner Formulierung zu dem NS-Begriff sei keine Absicht gewesen, stellte er hinterher klar. Und im Interview, in dem er die Formulierung gebrauchte, hatte er die «finale Lösung» so erläutert: «Wir brauchen (...) gesetzgeberische Antworten auf europäischer Ebene.»

Egal, trotzdem Shitstorm!!! | **Na gut, dann halt keinen Shitstorm!**

Eine Sportreporterin des ZDF mutmaßt, dass für Miroslav Klose (der polnische Wurzeln hat) das ersehnte Tor ein «innerer Reichsparteitag» sein müsse – ein Ausdruck, der im Nationalsozialismus für die Parteitage der NSDAP verwendet wurde. Also ziemlich unpassend.

Bei genauerer Recherche lässt sich aber feststellen: «Innerer Reichsparteitag» wurde damals vor allem benutzt, um sich über den Pomp dieser Parteitage lustig zu machen, und wurde eher von Gegnern als von Unterstützern der Nazis verwendet.

Egal, trotzdem Shitstorm!!! | **Na gut, dann halt keinen Shitstorm!**

Das Gegenteil von absichtlichem oder versehentlichem Gebrauch von NS-Sprache ist der Nazi-Vergleich. Godwins Gesetz besagt, dass mit zunehmender Länge einer Online-Diskussion sich die Wahrscheinlichkeit eines Hitler- oder Nazi-Vergleichs dem Wert eins annähert. In der politischen Diskussion gilt eine ähnliche Regel. In schöner Regelmäßigkeit wird irgendetwas mit «Nazi-Methoden» oder dem «Führer» selbst verglichen.

Trumps einstiger Pressesprecher Sean Spicer zum Beispiel verglich den syrischen Präsidenten Baschar al-Assad mit Hitler, wobei Letzterer noch besser wegkam: Hitler habe das Giftgas wenigstens nicht gegen die eigene Bevölkerung eingesetzt. Das war natürlich faktischer Blödsinn, weil in den Gaskammern auch deutsche Juden, Sinti und Roma und andere Verfolgte mit deutscher Staatsangehörigkeit umkamen. Noch absurder ist es allerdings, Hitler anzurechnen, dass er nur Nicht-Deutsche vergast hätte. Das zeugt von einer eher seltsamen ethischen Einstellung. Spicer stellte übrigens noch auf derselben Pressekonferenz klar, dass er das Gift in den Gaskammern der Konzentrationslager («Holocaust-Zentren», wie er sie nannte) gar nicht mitbedacht hatte bei seinem Vergleich. Und später entschuldigte er sich für die ganze Geschichte.

Helmut Kohl hingegen «lobte» einst Michael Gorbatschow im amerikanischen Magazin *Newsweek*, indem er ihn mit Goebbels verglich: «Er ist ein moderner kommunistischer Führer, der sich auf Public Relations versteht. Goebbels, einer von jenen, die für die Verbrechen der Hitler-Ära verantwortlich waren, war auch ein Experte in Public Relations.» Fanden die Russen irgendwie nicht so lustig. Kohl machte die Sache dann noch schlimmer, indem er den Journalisten des Magazins die Schuld gab: Die hätten das Zitat aus dem Zusammenhang gerissen. Die Journalisten reagierten mit der Veröffentlichung der Originaltonbandaufnahmen des Gesprächs, auf denen die Aussagen von Kohl über Gorbatschow sogar noch uncharmanter klangen.

Aber hier noch einige andere kommunikative Missgeschicke mit Nachspiel:

«What's a leppo»-Gate

Als Kandidat der kleinen Libertarian Party hatte Gary E. Johnson ohnehin keine Chancen auf die US-Präsidentschaft, als er in einem Fernsehinterview gefragt wurde, was er denn mit Blick auf die syrische Stadt Aleppo unternehmen würde. Seine Antwort: «What's Aleppo?» Was ist Aleppo?? Die Antwort brachte ihm größere Berühmtheit ein als der gesamte Rest seiner Kampagne. Klar sollte jemand, der Präsident der USA sein will, über einen der Hauptschauplätze der bislang größten humanitären Katastrophe des 21. Jahrhunderts Bescheid wissen. Aber wer sich das Interview ganz anguckt, wird feststellen, dass das einfach ein Hänger war. A.Le.Po? Ein Leppo? Hä? Mal abgesehen davon, dass man jedem Politiker ein Bienchen dafür vergeben sollte, dass er nachfragt, wenn er etwas nicht weiß – Gary E. Johnson konnte, nachdem er sich gefangen hatte, sehr wohl eine Strategie für Syrien skizzieren. Aber da hatte die Welt schon beschlossen, dass er sowieso keine Ahnung hat.

Winkegate

Vor laufenden Kameras winkte Eva Högl, SPD-Politikerin, auf einer Wahlkampfveranstaltung im August 2017 fröhlich einem Parteikollegen zu – und schon brach ein Shitstorm über sie herein. Sie hatte nicht mitbekommen, dass Spitzenkandidat Martin Schulz, der ziemlich genau vor ihr stand, gerade für eben diese Kameras ein Trauerstatement zum Terroranschlag in Barcelona abgab. Er und alle um ihn herum hatten ihre besten Trauerstatementsmienen aufgesetzt, und Schulz sprach den Familien der dreizehn Toten sein Beileid und Mitgefühl aus. Högl wirkte im Kontrast dazu wie der Li-La-Laune-Bär nach ein bisschen zu viel Nusslikör. Dabei konnte sie Schulz in dem Moment leider einfach nicht hören.

Klatschgate

Heiko Maas, damals noch Justizminister, saß im März 2016 in der Talkshow *Anne Will*, und wann immer er etwas sagte, klatschte jemand aus dem Publikum laut und enthusiastisch los, während niemand anderes mitklatschte. Es war … Maas' Pressesprecher. Er klatschte so auffällig oft, dass Anne Will ihn irgendwann auch noch persönlich begrüßte. Auf seiner nächsten Pressekonferenz musste der Pressesprecher zu dieser «Vorklatsch-Strategie» Stellung beziehen, und es flogen wilde Manipulationsvorwürfe durchs Netz.

Die Wahrheit ist: Jeder Politiker darf zu Talkshows meist vier bis fünf Gäste mitbringen. Es ist ganz wichtig, dass man diese Plätze füllt und dass die Menschen auf diesen Plätzen an den richtigen Stellen klatschen, weil es die anderen Politikerinnen auch so machen. Das ist ein bisschen wie der Rüstungswettlauf im Kalten Krieg, nur mit anschließendem Buffet.

Skandalnamen für Anfänger

Seit Watergate, der Affäre um weitreichende Fälle von Amtsmissbrauch in der Nixon-Regierung, werden alle möglichen Skandale von Redakteuren, die komplexe Sachverhalte in Schlagzeilen quetschen müssen, gerne als «Irgendwasgate» bezeichnet. Nicht nur in den USA, sondern überall auf der Welt und so auch in Deutschland bekommen Skandale und Skandälchen also Namen wie zum Beispiel Pussygate (Donald Trumps Prahlerei mit sexuellen Übergriffen), Toilettengate (Andreas Scheuer, CSU, sitzt auf dem Klo, während SPD- und CDU-Politiker in der Herrentoilette über die CSU lästern) oder Gategate (britischer Parlamentarier beschimpft einen Polizisten, weil dieser ihn zu einem anderen Ausgang gewiesen hat).

Weil das irgendwann zu viele Gates mit deutlich unterschiedlichem Skandalgehalt wurden, schlug der US-amerikanische Journalist Alex Seitz-Wald vor, ein alternatives Suffix für jene Skandale zu benutzen, die sich in noch wabbeligem Aufklärungszustand befinden, also noch kein ausgewachsener, nachgewiesener Skandal sind. Es böte sich «-ghazi» an, meinte er, in Anlehnung an Benghazi, das Schlagwort nicht nur für den terroristischen Angriff auf die dortige US-Vertretung, sondern auch für die Vorwürfe der Verschleierung der Ereignisse durch die damalige Regierung, die sich aber nie wirklich nachweisen ließen. In Deutschland wäre zum Beispiel «Wulffghazi» vorstellbar, als Name für einen Skandal um den Bundespräsidenten, bei dem sich hinterher niemand mehr so richtig erinnern konnte, was genau eigentlich das Skandalöse daran war.

17 Karriereknick Sandwich

Ganz normale Dinge, für die Politiker richtig Ärger bekommen

«Was? Ihr kennt die Geschichte mit dem Bacon-Sandwich nicht?» Ich schaue mit gespieltem Entsetzen in die Brunch-Runde. Die Runde schaut ratlos zurück. «DEM Bacon-Sandwich?» Ich kenne die Sandwich-Geschichte ehrlich gesagt selbst noch nicht so lange, aber sie ist in meinen «Greatest Hits von

Anekdoten und Party-Small-Talk» gerade unter den Top 5. Sie hat alles, was es braucht: einen tragischen Helden, einen Appell an die Vernunft und gebratenen Schweinehintern. Und sie geht so:

Der *Evening Standard*, eine Londoner Abendzeitung, veröffentlichte im Mai 2014 ein Foto, auf dem Ed Miliband, damals Chef der Labour-Partei, während einer kurzen Pause im Lokalwahlkampf in ein Sandwich beißt. Andere Medien stellten anschließend die Frage: Kann ein Mann, der auf diese Weise ein Sandwich isst, wirklich Premierminister werden? Der *Independent*, eine überregionale liberale Zeitung, titelte: «Ed Miliband scheitert daran, beim Essen eines Bacon-Sandwiches normal auszusehen». Und am Vorabend der Parlamentswahl im Mai 2015 machte die *Sun*, die konservative Boulevardzeitung, das Foto zum Aufmacher, versehen mit polemischen Kommentaren.

Der Vorfall bekam seinen eigenen Wikipedia-Eintrag. Googelt man Ed Miliband, dann schlägt einem die Suchmaschine als erste Ergänzung den Begriff «bacon sandwich» vor. Doch was, um Gottes Willen, hat der Mann bloß mit dem Sandwich gemacht, um so viel Häme und Kritik auf sich zu ziehen? Die Beweisfotos, die bis heute über das gesamte Internet verstreut sind, geben sofort Aufschluss:

* ACHTUNG, TRIGGER-WARNUNG, die folgenden Schilderungen könnten euch verstören! *

Miliband hat das Sandwich (Speck, Salat, zwei Brotscheiben, getoastet) in beide Hände genommen. Er hat das Sandwich mit besagten Händen zum Mund geführt. Dann hat er abgebissen, das Sandwich immer noch in seinen Händen. Und nach dem Abbeißen hat er den Teil des Sandwiches, der sich in seinem

Mund befand, gekaut. Du hast richtig gelesen: gekaut! Die britische Öffentlichkeit war entsetzt.

Gerade als ich mich bei der Geschichte so richtig in Rage geredet habe über die unglaublichen Absurditäten in Wahlkämpfen und wofür man als Politiker alles in die Pfanne gehauen werden kann, unterbricht mich eine Freundin. «Aber du musst fairerweise auch dazusagen, dass er echt komisch aussah, wie er das Sandwich gehalten hat.» Und eine andere wirft ein: «Als Politiker muss man doch wissen, dass man ständig mit Fotografen zu rechnen hat. Da ist er doch wirklich selbst schuld.» Ich gebe auf. Woran wollen wir die Menschen, denen wir unser Land anvertrauen, messen – Intelligenz, Weitsicht, Pragmatismus, Glaubwürdigkeit? Unwichtig, solange der Politiker beim Sandwich-Kauen nur cool genug aussieht. Aber: Wer bitte sieht gut aus, wenn er ein Sandwich isst?

Ein paar Monate später geriet übrigens David Cameron wegen eines Hot Dogs in die Kritik, weil der Öffentlichkeit nicht gefiel, dass der Premierminister diesen mit Messer und Gabel aß, was ihn eindeutig als elitären Sack ohne Verbindung zum Volk disqualifizierte.

Und der New Yorker Bürgermeister Bill de Blasio wagte es in einem später als «fork gate» titulierten Zwischenfall, seine Pizza mit Messer und Gabel zu essen. Alle Beteuerungen seines Pressesprechers, seiner Kollegen, seiner Mutter, seiner Großmutter, von Michelangelo, der Mona Lisa und ihm selbst, dass man das in Italien, dem Land seiner Vorfahren, durchaus manchmal so macht, halfen nichts.

Politiker finden sich auch in Deutschland in einer Zwickmühle. Beißen sie in die Bratwurst, die man ihnen auf jedem Volksfest und jeder Wahlkampfveranstaltung in die Hand drückt, produzieren sie Bilder, auf denen sie bescheuert, bekleckert und würdelos aussehen. Beißen sie nicht in die Bratwurst, halten sie sich wohl für was Besseres.

Andere normale Dinge, die Politiker nicht tun sollten:

Kleidung tragen

Angela Merkel trug 2008 bei der Eröffnung der neuen Osloer Oper ein Abendkleid mit Dekolleté – und die Welt war nie wieder dieselbe. Bis zu diesem Zeitpunkt hatte Deutschland sorgfältig ignoriert, dass man eine Frau zur Bundeskanzlerin hatte. Ja, eine Frau! Eine richtige Frau. Mit Brüsten! Zwei! Man muss sogar davon ausgehen, dass sie eine Vagina hat! Unvorstellbar. Theresa May, für knapp drei Jahre Merkels britisches Gegenstück, trug auch im Amt gerne schicke Schuhe mit Absätzen. Die Premierministerin! Absätze! Unser Land ist tief verunsichert. Während Frauen in jeder U-Bahn-Station und jeder Zahnarztpraxis mit Modeplakaten und -zeitschriften zugedröhnt werden, bis sie endlich verstehen, dass ihnen Mode wichtig sein sollte, wird von Politikerinnen erwartet, dass Kleidung für sie den alleinigen Zweck hat, ihren Körper möglichst unsichtbar zu machen, um ja niemanden unnötig darauf aufmerksam zu machen, dass Frauen jetzt auch Politik machen dürfen. Dafür eignet sich genau ein Outfit: schwarze Stoffhose, schwarzes Oberteil, einfarbiger Blazer, geschlossen. Fertig ist der Tarnanzug, und alles ist gut.

Englisch sprechen

«Äwriessing hängs tugesser», erklärte der frischgebackene EU-Kommissar Günther Oettinger einem verwirrten Publikum. Und auf einem Benefizkonzert beim Global Citizen Earth Day in Washington im April 2015 jubelte der damalige Entwicklungsminister Gerd Müller: «Ei, wott ei wott ei party! Ei ämm wis ju. Sis is än werri ekzeiting moment.»

Netflix-streamenden Flashpackern mit zwei Auslandssemestern in Helsinki und Arbeitserfahrung in Hongkong mag es peinlich sein, wenn einige unserer Politiker auf internationalen Wirtschaftsforen oder an US-Eliteunis ihre Fremdsprachenkenntnisse präsentieren. Aber so hört sich das eben an, wenn 67-Jährige aus der schwäbischen Provinz, die in ihrer Jugend nicht durch die USA getrampt sind, sondern sich in Kreistagssitzungen mit der Lärmminderungsplanung beschäftigt und sich dann einmal quer durch die Landespolitik geschlagen haben, plötzlich in Harvard oder Brüssel stehen.

Tanzen

Tanzen, finde ich, ist ein Menschenrecht. Musik zu fühlen ist ein menschliches Grundbedürfnis, das aus den tiefsten Tiefen unserer alten, alten Seelen kommt. Du bist ein Mensch. Du bist frei! Tanz! Hüpf durch den Raum, kreise mit den Hüften, wippe, schunkel, wackel mit dem Takt, aus dem Takt, umfahre den Takt großräumig und schmeiß dabei die Hände hoch! Völlig egal, wie du dabei aussiehst. Der Rhythmus bist du. Es sei denn – natürlich –, DU bist Politikerin. Dann mach nichts davon. Jemals. Heimlich mit dem großen Zeh wippen? Nur wenn du geschlossene Schuhe trägst! Klatschen? Nur wenn alle klatschen, nur auf die Eins und die Drei, und bitte auf keinen Fall dabei mit den Schultern wackeln!

Klingt alles anstrengend, oder? Aber Gott sei Dank gibt es Ausnahmen. Kennst du die Horrorfilmserie *The Purge*? Darin wird eine nahe Zukunft beschrieben, in der die USA von einer totalitären Partei übernommen werden. Um die Kriminalitätsrate und das Aggressionspotential der Bürger zu senken, sind eine Nacht im Jahr Morden, Brandschatzen und alle anderen Verbrechen straffrei erlaubt. In dieser Nacht plündern ansonsten friedliche Normalbürger Geschäfte und Häuser, laufen randalierend durch die Straßen, quälen, verprügeln und ermorden andere friedliche Normalbürger. Nur eine einzige Nacht lang dürfen sie tun und lassen, was sie wollen, ohne dafür Konsequenzen fürchten zu müssen. So ähnlich funktioniert das System des Bundespresseballs. Eine Nacht lang dürfen Politikerinnen und Politiker so viel Dekolleté tragen, wie sie mögen, sich Currywurst und Donuts in den Mund stopfen, bis ihr Gesicht mit Ketchup und Puderzucker paniert ist, auf der Tanzfläche zu Boney M. das Smokingjackett über dem Kopf schwingen und achtzehntausend Gin Tonics trinken. Wenn an diesem Abend etwas danebengeht – Schokosoße, Outfit oder der Moonwalk –, dann sind zwar unter Umständen auch Kameras oder Handys da. Weil aber alle wichtigen Politiker, Promis und Journalistinnen in ähnlich verwundbarem Zustand sind, steht man am nächsten Morgen nicht alleine als Depp da.

18 Griechische Komödie

Selbst Regierungschefs müssen manchmal improvisieren

Ich stehe vor dem griechischen Premierministerpalast und suche eine Klingel. Neben mir im Athener Frühlingsregen steht eine griechische Fotografin, die ich schon von Berlin aus extra für diesen Termin angeheuert habe. «Ich will dieses Mal nicht wieder so furchtbare Handykamera-Bilder haben. Ich will, dass das ausnahmsweise mal professionell aussieht», hatte mein Lieblingskollege aus der Öffentlichkeitsarbeit gesagt. Normalerweise läuft das nämlich so: Jemand von der Parteispitze trifft den Dalai Lama oder Bill Gates – nie zufällig, sondern immer geplant und vorbereitet. Aber die Fotos von diesen Treffen sehen dann trotzdem so aus, als hätte man einen Promi bei Ikea zu einem Selfie genötigt.

Die Fotografin weiß auch nicht, wo an Premierpalästen die Klingel zu finden ist. Das ist auch weniger ihre Aufgabe als meine. «Entschuldigung», spreche ich einen der Wachsoldaten an. «Wir möchten hier bitte rein. Simone Peter, die Vorsitzende der deutschen Grünen, hat gleich einen Termin mit Premierminister Alexis Tsipras.» Der Wachsoldat zeigt um die Ecke zu einer kleinen Metalltür in der großen Mauer. Davor stehen zwei weitere Wachmänner. Ich wiederhole unser Anliegen also nochmal eine Ecke weiter. Einer der Wachmänner spricht in ein Walkie-Talkie – schaut auf eine Liste – spricht wieder in sein Walkie-Talkie. Ich habe es geahnt. Wir sind nicht angemeldet.

Normalerweise werden solche Treffen, besonders mit Regierungschefs, von Botschaften, Protokollabteilungen und fünfundzwanzig anderen Stellen organisiert und vorbereitet. Dieses nicht. Dieses haben die griechischen Grünen organisiert, die dank einer gemeinsamen Wahlliste mit Alexis Tsipras' Partei einen Staatssekretär in der neuen linken Regierung stellen. Kein Problem, haben sie gesagt. Wir kennen uns. Der Alexis. Der Yannis. Super dicke. Alles gut, kein Problem. Läuft.

Angesichts des hochkarätigen Programms war es dieses Mal auch kein Problem, Journalistinnen zu finden, die uns auf dieser Reise begleiten wollten. Die neue griechische Regierung wird von dem einen Teil der deutschen Presse behandelt wie eine Gruppe flaschenschmeißender Hausbesetzer und vom anderen Teil wie eine Mischung aus Che Guevara, Gandhi und Barack Obama. Aber alle sind fasziniert. Nur das ARD-Team vor Ort in Athen ist skeptisch. «Ich freue mich über Ihren Optimismus, Frau Jorch», sagte der Korrespondent, als ich ihn noch von Berlin aus anrief. Was er meinte, war: Er freut sich über meine Naivität. «Nie und nimmer», sagte er, lassen die Griechen die Presse bei dem Gespräch mit Tsipras dabei sein. Und mit Varoufakis schon dreimal nicht. Wir versuchen das schon seit Ewigkeiten. Keine Chance. Aber wir kommen mal vorbei.»

Jetzt stehen die Fotografin und ich also als Vorhut vor dem Palast, und keiner der Sicherheitsmänner scheint schon mal was von dem Termin gehört zu haben. Der Mann mit dem Walkie-Talkie kratzt sich am Kopf. Ich werde immer nervöser. Das Kamerateam der ARD ist nirgendwo zu sehen. Simone Peter und der Rest der Delegation – zwei Europaabgeordnete, Vertreter der griechischen Grünen und die Journalisten – wollten eigentlich auch gleich nachkommen, aber bis jetzt stehe ich allein da. Natürlich ohne Einladungsschreiben oder Ablaufplan oder Kontaktnummer der Protokollabteilung. Gibt es ja alles nicht. Plötzlich krächzt eine Stimme durchs Walkie-Talkie. Das scheint Bewegung in die Sache zu bringen, jedenfalls tritt der Sicherheitsmann zur Seite und gibt den Weg zu einem Metalldetektor frei. Wir sind drinnen.

Wir werden durch die Sicherheitsschleuse und dann durch enge Gänge im Untergeschoss des Gebäudes geleitet. Ein junger Grieche im perfekt sitzenden Anzug läuft uns entgegen. «Hallo, schön, dass Sie da sind. Das Treffen hat schon angefangen.» Wir laufen etwas schneller. Angefangen? Das kann doch gar nicht sein. Wir standen doch gerade noch draußen, und Simone Peter hatte ich mit dem Rest der Delegation im Restaurant zurückgelassen – wie kann sie denn schneller als ich ins Gebäude gekommen sein, ohne dass ich das mitbekommen habe? Im Stechschritt laufen wir die Treppen hinauf und durchqueren eine riesige goldverzierte, marmorgefflieste Empfangshalle. Der Mann im gut sitzenden Anzug ruft zwei anderen Männern in ebenfalls gut sitzenden Anzügen, die neben einer riesigen Tür stehen, auf Griechisch etwas zu. Die beiden Männer öffnen daraufhin die riesige Tür, und mit einer eleganten Armbewegung werden wir angewiesen einzutreten.

Auf zwei prunkvollen Sesseln vor einem Kamin sitzen Ska Keller, eine deutsche grüne Europaabgeordnete, und der griechische Premierminister. Die beiden kennen sich aus Brüssel. Alexis Tsipras schaut uns an – steht auf – knöpft sich das Jackett zu. Er lächelt und schreitet uns entgegen. Erst lächle ich zurück. Dann höre ich Blitzlichtgewitter von links. Ich drehe meinen Kopf und sehe mehrere Fotografen und zwei Kamerateams. Oh fuck. Der Premierminister kommt auf mich zu, um die offiziellen Handschüttelbilder zu machen, die man immer im Fernsehen sieht, wenn zwei wichtige Menschen sich treffen. Die Fotografin, die mich begleitet, duckt sich vor Schreck hinter meinen Rücken wie ein Kaninchen, das vor einem Falken in Deckung geht. Oh Gott, es ist eigentlich zu spät, um die peinliche Situation noch abzuwenden. Alexis Tsipras schreitet weiter auf uns zu. Ich versuche es mit einem freundlichen Kopfschütteln und Wischbewegungen mit beiden Händen. Nein. NEIN. Ich bin nicht … Ich bin nur … Ich … Zu spät. Der Premierminister steht vor mir und schüttelt professionell lächelnd meine Hand. Sein Blick verrät, dass er durch die schiere Panik in meinen Augen erkannt hat, dass er nicht der richtigen Person so offiziell die Hand schüttelt. Aber mitten im Entgegenschreiten abzudrehen, das wäre ja auch nicht gegangen. Die griechischen Fotografen knipsen fleißig. Ska Keller ist von ihrem goldenen Stuhl aufgesprungen und versucht, die Situation elegant aufzulösen. «Darf ich vorstellen, Julia Jorch, unsere Pressesprecherin.» «Ah, ja, schön, Sie kennenzulernen.» Alexis Tsipras tut so, als hätte er das schon längst gewusst. Die Fotografen hören auf zu knipsen. Natürlich haben sie auch keine Ahnung, wie die Vorsitzende der deutschen Grünen aussieht. Aber mitten unter den griechischen Journalisten steht mit seinem Kamerateam der deutsche ARD-Korrespondent und grinst ein breites Grinsen. «Na, Frau Jorch, Sie wollen wohl unbedingt in die *Tagesschau*.» Witzig. Ich lächle gequält. «Und Sie dachten schon, Sie bekommen zum wichtigsten Treffen des Tages keine Bilder.»

19 Selber merkwürdig!

Weshalb wir Politiker so oft falsch verstehen

Eine der beliebtesten Anekdoten über Politik und Macht ist die lustige Elefantenrunde 2005, als Angela Merkel und Gerhard Schröder am Wahlabend live im Fernsehen aufeinandertrafen.

Meistens wird dabei über den bemerkenswerten Auftritt von Gerhard Schröder berichtet. Testosterontrunken und von seinen eigenen Anhängern angefeuert, schien er noch nicht gemerkt zu haben, dass er gerade die Kanzlerschaft verloren hatte. Nicht weniger bemerkenswert ist allerdings, wie das Verhalten von Angela Merkel an diesem Abend von den Journalisten bewertet wurde: «Merkwürdig». «Gibt Rätsel auf». «Derangiert». «Wie benommen». Was genau gab daran denn Rätsel auf?

Ich möchte nicht wissen, wie ich mich fühlen würde, wenn ich seit Monaten nicht geschlafen habe, von links nach rechts durch die Republik geschleift wurde, jeden Tag auf einer anderen verdammten Wahlkampfbühne von Wanne-Eickel bis Murnau am Staffelsee aufgetreten bin … und dann am Ende knapp gewinne, aber im Vergleich zu den höchsten Umfragewerten, laut denen ich quasi schon die absolute Mehrheit gesichert

hatte, es so richtig vergeigt habe. Und wenn sich die Parteifreunde noch nicht einmal die Mühe machen, ihre Messer diskret in der Küche zu wetzen. Meine Karriere ist wahrscheinlich an diesem Abend zu Ende. Am Arsch. Und dann setzt man mich noch am selben Abend vor ein Millionenpublikum, direkt gegenüber von jemandem, der schon für tot erklärt wurde. Der es aber allen zeigen wollte und auf jeder Wahlkampfbühne von Wanne-Eickel bis Murnau am Staffelsee alles gegeben hat. Und der an diesem Abend live mit ansehen konnte, wie der Balken für die eigene Partei immer höher kletterte, so hoch, dass er jetzt mit der als uneinholbar geltenden Union fast gleichauf liegt. Alle in der SPD-Zentrale warfen die Hände in die Luft: «Gerhard! Gerhard! Gerhard!» Dann setzte man ihn siegesbeschwipst direkt seiner politischen Gegnerin gegenüber, die eigentlich strahlen sollte, aber politisch wahrscheinlich schon erledigt ist. So. Und jetzt verhaltet euch alle mal «normal».

Das ist ja nicht nur in der Politik ein Problem: Wir wissen nicht, wie sich etwas anfühlt, bis wir es selbst erlebt haben. Aber wir meinen trotzdem immer zu wissen, was in einer total verrückten, unbegreiflichen, unverdaulichen Situation EIGENTLICH normales Verhalten wäre. In Polizeiermittlungen werden Unschuldige regelmäßig zu Verdächtigen, weil sie sich nicht so verhalten, wie wir glauben, dass wir uns verhalten würden. Amanda Knox geriet deswegen ins Visier der Ermittler, weil sie beim Warten auf dem Polizeirevier Dehnübungen machte. Und da alle ja wussten, wie es sich anfühlt, wenn die Mitbewohnerin ermordet wurde und man stundenlang auf dem Polizeirevier warten muss, wussten alle auch: Das ist total merkwürdig.

Der damalige Chefredakteur des ZDF meinte nach der Elefantenrunde, in diesem Moment erkannt zu haben, dass Angela Merkel nicht das Zeug zur Bundeskanzlerin habe. Weil sie am Anfang der Talkshow so zerzaust neben sich stand. Ich finde, man müsste sich ernsthaft Gedanken machen, wenn jemand nach so einem Höllenritt erfrischt, bestgelaunt und bis in die Fingerspitzen mit sich im Reinen souverän in die Kameras lächelt.

TEIL V

POLITIKER SIND AUCH NUR MENSCHEN

20 Historische Salatkäufe

Sogar Politiker haben Gefühle. Wirklich!

Eine Politikerin erzählte mal, wie sie im Krankenhaus für einen dringenden Eingriff mit Kathetern im Arm und nur mit OP-Leibchen bekleidet zum Operationssaal gerollt wurde. Der Krankenpfleger, der sie schob, fragte allen Ernstes, ob er vielleicht vorher noch schnell ein Selfie mit ihr machen könne.

Politiker sind auch Menschen. Obwohl man sie, wenn sie da so frisch gepudert und gehaarsprayt in Sakko oder Kostüm im Fernsehen sitzen oder perfekt ausgeleuchtet mit den ausgeleierten Politikergesten Reden halten, vielleicht manchmal für Schauspieler halten kann, die Politiker spielen. Die allermeisten Menschen, die in der Öffentlichkeit stehen – Politikerinnen, berühmte Schauspieler, Sportlerinnen oder Popstars –, sind zwei Personen. Die öffentliche Person, die immer geduldig und gut gelaunt für Selfies mit den Fans posiert, die auch auf die nervigste Moderatorenfrage antwortet, ohne mit den Augen zu rollen, die vernünftig ist und gut vorbereitet. Und die private Person, die zuhause die Tiefkühlpizza verkokeln lässt, morgens vor dem zweiten Kaffee keine Lust zum Reden hat, den Ehemann ohne guten Grund anblafft, das Flötenvorspiel des Jüngsten vergisst und sich spätabends nach dem Talkshowauftritt alleine im Hotelzimmer durch die Shoppingkanäle zappt.

Im Vergleich zu Nicht-Politikern wird Politikern aber schon von Rechts wegen weniger Privatsphäre zugestanden. Als Heide Simonis als Ministerpräsidentin von Schleswig-Holstein abgewählt wurde, war das ohne Zweifel ein wichtiger Moment in der Geschichte Schleswig-Holsteins und im Leben der öffentlichen Person Heide Simonis. Einen Tag später aber verfolgten Fotografen der *Bild*-Zeitung die private Person Heide Simonis in ein Einkaufszentrum. Der Text in der nächsten Ausgabe zu den so entstandenen Fotos: «Mit gesenktem Haupt steht Heide Simonis an der Salattheke, Einkaufen, um Frust zu bewältigen und zumindest für Sekunden wieder glücklich zu sein. Bei H & M kauft Simonis einen Hosenanzug und hat anschließend nicht einmal mehr Blicke für Schuhe übrig.»

Der Politikerin war das ein bisschen zu viel, und sie klagte dagegen. Normale Menschen hätten sich in diesem Fall auf ihre Privatsphäre berufen können. Kein Gericht würde es für okay halten, wenn mich oder dich ein Fotograf einfach beim Einkaufen verfolgen würde. Der Bundesgerichtshof lehnte die Klage jedoch ab: Er sah in dem Einkauf einen Vorgang von «historisch-politischer Bedeutung». Was wäre den Bürgern dieser Republik nur entgangen, wenn sie keine Fotos von diesem historisch-politischen Salatkauf zu Gesicht bekommen hätten! Undenkbar. In den Geschichtsbüchern würde eine empfindliche Lücke klaffen. Deine Enkelkinder werden dich sicher fragen, wo du an dem Tag warst, an dem Heide Simonis Salat und einen Hosenanzug gekauft hat.

Batsareboring
@Batman Was hat der überhaupt gelernt?
#Fledermausverarsche
93 ★ 452 •••

Gothamcruiser94
Ja, was qualifiziert eine Fledermaus zur Verbrechensbekämpfung? @Batsareboring @Batman
36 ★ 305 •••

Mike
Äh. Kriminalistik, Physik, Technik, Karate … @Batsareboring @Gothamcruiser94
21 ★ 182 •••

Jokerfan777
… so ein abgehobener Millionär. Was versteht der schon von den Belangen der Gothamer Bürger? #Fledermausverarsche @Batsareboring @Gothamcruiser94
60 ★ 295 •••

Gothamcruiser94
Und mit seinen ganzen Weibergeschichten will der uns was von Moral erzählen?
#Fledermausverarsche @Batman @Batsareboring
76 ★ 317 •••

Whoisrobin
Die Jagd auf einzelne Bösewichte ist doch REINER Populismus, sich um die Ursachen zu kümmern, ist ihm wohl zu langweilig. #Fledermausverarsche
101 ★ 222 •••

Metropolite4live
@Superman Ein Landei aus Kansas, der unsere Stadt in Schutt und Asche legt, na vielen Dank. #NaSuper
112 ★ 517 •••

Paul68
Der soll uns erstmal nachweisen, dass er überhaupt Staatsbürger ist. Eine Geburtsurkunde habe ich bis heute nicht gesehen. #NaSuper @Metropolite4live
120 ★ 715 •••

Villainwithcat
Ausländer raus!!!!! #NaSuper @Paul68 @Metropolite4live
76 ★ 399 •••

Metropolite4live
Der soll sich erst einmal um seinen eigenen Planeten kümmern #NaSuper
94 ★ 270 •••

SpidermanFan
Immer diese Flüchtlinge. Wieso kämpfen die nicht in ihrer Heimat? #NaSuper @Metropolite4live
156 ★ 608 •••

Villainwithcat
Ausländer raus!!!!!! @SpidermanFan @Metropolite4live
62 ★ 275 •••

Horst73
Eine Frau soll das Böse bekämpfen! Die Olle soll mir mal lieber ein Sandwich machen! #Nowonderwoman @Wonderwoman
82 ★ 317 •••

SpidermanFan
Ist die hässlich. #Nowonderwoman @Wonderwoman
46 ★ 259 •••

Ihatewomen
Schlampe #Nowonderwoman @Wonderwoman
59 ★ 448 •••

Horst73
Der müsste es nur einer richtig besorgen und dann wäre Schluss mit dem Kram #Nowonderwoman @Wonderwoman
67 ★ 199 •••

21 Hate Poetry

Von Shitstorms und Telefonbrüllern

«Spreche ich mit den Grünen? Ja, gut. Also, ich wollte diesem Türken da, dem wollte ich mal sagen, ja, also wie der das Land, ja, Deutschland in den Ruin treibt, dieser Bonusmeilen …, dieser, also, dieser Türke, also ich wollte Ihnen nur mal sagen, sie ruinieren Deutschland, diese Verräter, diese toleranten …»

«Entschuldigen Sie, dass ich Sie kurz unterbreche …»

«Ja …»

Es ist halb zehn an einem Montagabend, und ich bin eigentlich dabei, zuhause Wäsche in die Waschmaschine zu stopfen, als mein Diensthandy klingelt. Das ist nicht außergewöhnlich. Manchmal brauchen Journalisten spontan noch jemanden für eine Schalte, für eine Spätausgabe oder eine Frühausgabe am nächsten Tag. Oder die Chefs haben einen Artikel gelesen, der abends online gegangen ist, und wollen sich darüber aufregen. Oder jemand ist krank. Diesmal ist es nur ein schimpfender, rasender Bürger.

«Ich will Sie ja nicht davon abhalten, uns Ihre Meinung mitzuteilen, aber vielleicht rufen Sie morgen zu den gängigen Geschäftszeiten nochmal an?», frage ich höflich. Einerseits weil ich grundsätzlich höflich bin, andererseits wirkt eine nette, sachliche Stimme in diesen Situationen wie Löschschaum.

Am anderen Ende der Leitung ist Stille.

«Ich habe auch irgendwann mal Feierabend», füge ich hinzu.

Immer noch Stille. Dann schreit der Mann am Telefon plötzlich wieder los.

«Oooooh, Sie Arme, Sie, Sie …, Sie tolerante …, Sie tolerante …, Sie …» Er ringt um eine treffende Beleidigung. Ich bin so gespannt.

«Sie, Sie … Sie Grüne!!!!!»

Im Vergleich zu Hass-Posts auf Facebook oder auf Twitter muss man den Ins-Telefon-Brüllern wenigstens dafür Anerkennung zollen, dass sie sich nicht anonym hinter ihren Laptops verstecken, sondern sich in eine Situation begeben, in der theoretisch zurückgebrüllt werden kann. Gleichzeitig sind solche Anrufe für Politiker und Mitarbeiterinnen auch viel aufwühlender als schriftliche Beleidigungen. Aber immer noch besser, als auf der Straße bespuckt oder beworfen zu werden.

Manchmal entlädt sich die Wut an irgendeinem konkreten Anlass: Man hat Erdoğan kritisiert, erklärt, dass Flüchtlinge auch Menschen sind, oder jemanden mit Hitler verglichen (siehe Kapitel 16). Oft gibt es aber auch keinen direkt ersichtlichen Anlass, sondern Menschen wünschen Politikern einen qualvollen Tod, weil diese ihren Twitter-Followern Frohe Ostern gewünscht haben. Im Unterschied zu vielen anderen Leuten – zum Beispiel kritischen Journalisten, feministischen YouTuberinnen oder Menschen, die eine andere Hautfarbe haben, als Neonazis es sich wünschen – haben Politiker wenigstens Mitarbeiter, die das Ganze oft etwas vorfiltern und abdämpfen können. Aber weil von Politikern zugleich erwartet wird, dass sie den Menschen zuhören und verstehen, was um sie herum geschieht, kommen sie nicht drum herum, sich auch regelmäßig mit dem Dreck auseinanderzusetzen, der auf sie geworfen wird. Sie können weder die Kommentarfunktion bei Facebook ausschalten, noch können ihre Mitarbeiter aufhören, ans Telefon zu gehen oder E-Mails zu lesen.

22 Kugelsicher auf dem Spielplatz

Politiker sein ist gefährlich

Politiker leben gefährlich. Nicht allein, weil sie sich gelegentlich in gefährlichen Gegenden ein Bild von der Lage machen (Afghanistan, Irak, Neuköllner Radwegen). Sondern auch, weil es Menschen gibt, die ihnen den Tod wünschen. Nicht nur theoretisch, sondern praktisch. Die wenigsten Politiker haben aber Personenschutz. Klar, Angela Merkel, wichtige Ministerinnen

und Ministerpräsidenten schon, aber nicht Parteivorsitzende oder Fraktionsvorsitzende. Es sei denn, es ist was – Wahlkampf oder eine Abstimmung im Bundestag über den armenischen Völkermord, der türkische Nationalisten durchdrehen lässt, als hätte man sie auf dem Abschlussball mit einem Eimer Blut übergossen.

«Bodyguards? Cool!», dachte ich, als unsere Spitzenpolitiker 2013 für die letzten Wochen des Wahlkampfes vom BKA Personenschutz verpasst bekamen (nicht nur die grünen, sondern alle). Ich sah uns schon umringt von trainierten Männern in schwarzen Anzügen und mit Knopf im Ohr, die lässig in Slow Motion wie in einem Tarantino-Film durch lange Gänge laufen. Kugelsichere Westen? Sieht man doch gleich knallhart und cool drin aus, wie in einem düsteren Polizeithriller! In der Realität muss man sich Personenschützer vorstellen, als hätte man mit Mitte fünfzig plötzlich eine Helikoptermutter bekommen. «Wo willst du hin?» «Wie lange dauert das?» «Kannst du bitte Bescheid sagen, bevor du einfach aufs Klo verschwindest?» «Nein, nein, bloß nicht zu Fuß. Das sind 800 Meter! Ich hol dich mit dem Auto ab!» «Romantisches Date heute Abend? Ich komm mit!» Null aufregend. Voll nervig. Aber wenigstens nörgeln die Beamten vom BKA deutlich weniger an deiner Frisur oder deinem Gewicht herum als deine Mutter.

Und die Sache mit den kugelsicheren Westen? Einer meiner Kollegen kam einmal schlecht gelaunt aus Afghanistan zurück. Er hatte sich in einem Park in Kabul von spielenden Kindern und picknickenden Müttern auslachen lassen müssen, als die Delegation auf Anraten des BKAs dort in voller Montur mit kugelsicheren Westen aufgetaucht war. Knallhart und cool auf dem Spielplatz.

23 Politiker beschimpfen Politiker

Ein Best-of

Man kann natürlich nicht dazu aufrufen, Politiker ein bisschen netter zu behandeln, und gleichzeitig unterschlagen, dass die fiesesten und absolut schönsten Politikerbeschimpfungen von Politikern selbst kommen. Viele davon, das muss man zur Ehrenrettung der Herrschaften sagen, werden im Eifer der Debatte geäußert (wenn auch immer noch nicht häufig genug, als dass *Phoenix* Trash-Talkshows im Nachmittagsprogramm Konkurrenz machen könnte).

Hier eine kleine Auswahl:

«Mit Verlaub, Herr Präsident, Sie sind ein Arschloch!»
(Joschka Fischer zu Richard Stücklen)

«Es wäre eine Tragödie, wenn jemand Mr. Gladstone in die Themse stieße, und eine Katastrophe, wenn ihn jemand wieder herauszöge.»
(Benjamin Disraeli über seinen Rivalen William Ewart Gladstone)

«Wenn ich Sie betrachte, verstehe ich, dass Sie für die Gleichberechtigung der Männer eintreten.»
(Helmut Kohl zu Herta Däubler-Gmelin)

«Er glänzt und stinkt wie eine verrottete Makrele bei Mondlicht.»
(John Randolph über Edward Livingstone, beide US-Politiker)

«Schnauze, Iwan!»
(Franz Josef Strauß zu Heinz Renner, KPD)

«Der sehr ehrenwerte und gelehrte Gentleman hat den Boden dieses Hauses zweimal überquert und jedes Mal eine Schleimspur hinterlassen.»
(David Lloyd George über Sir John Smith)

«Wild gewordener Gartenzwerg!»
(Ottmar Schreiner, SPD, über Hansheinz Hauser, CDU)

«Oh, wenn ich nur so pissen wie er reden könnte.»
(Georges Clemenceau über David Lloyd George)

«Nicht mehr Rückgrat als ein Schokoladen-Eclair.»
(Teddy Roosevelt über William McKinley)

Ein Sonderpreis geht an den ehemaligen Vorsitzenden der SPD-Fraktion Herbert Wehner für Beschimpfungen, die auch aus Kinderbüchern der Fünfzigerjahre stammen könnten:

«Sie Düffeldoffel» (zu Helmut Kohl), «Übelkrähe» (zu CDU-Politiker Jürgen Wohlrabe), «Lümmel» (zum Vizeparlamentspräsidenten), «Sie sind ein Strolch!» (zu CDU-Politiker Will Rasner).

HUNDE STINKEN!
MAUSEFALLEN ZERSTÖREN ARBEITSPLÄTZE !!!
Katzen VEREINIGT gegen Youtube-Ausbeutung

TEIL VI

DIE POLITIK UND DIE MEDIEN

24 Sie wollte nur etwas über Clickbait lesen

Was dann passierte, ist UNGLAUBLICH!!!!!

Im Januar 2017, ich bereitete gerade die erste große Pressekonferenz für das Wahljahr vor, leitete mir ein Kollege einen Link von *Welt Online* weiter: «Grüne fordern Sex auf Rezept». Ach so?

Hatten die Grünen dazu irgendwas beschlossen? Nein.

Hatte irgendjemand bei den Grünen so etwas aktuell gefordert? Nein.

Hatten die Grünen wirklich vor, das Thema im Wahljahr 2017 auf die Tagesordnung zu setzen? Nein. Natürlich nicht.

In Wahrheit hatte eine Journalistin bei der pflegepolitischen Sprecherin der Bundestagsfraktion angefragt, was sie von dem niederländischen Modell halte, nach dem die Kommunen für Sexualassistenz für schwer Pflegebedürftige aufkommen. Die Abgeordnete hatte geantwortet, so etwas Ähnliches könne sie sich vorstellen. Aber die Überschrift «Grüne Pflege-Expertin kann sich auf konkrete Nachfrage ein ähnliches Modell zur Sexualassistenz für schwer Pflegebedürftige wie in den Niederlanden vorstellen» ist einfach nicht sexy. Viel schöner ist doch, wenn die Grünen als erste Amtshandlung im Wahlkampf das Thema Gratisprostituierte in Pflegeheimen ganz oben auf die Agenda packen.

Einige Tage später: Eine Journalistin der *FAZ* telefonierte verschiedene Politiker aus Partei und Fraktion ab, um zu erfahren, was die Grünen davon halten, analog zur Hundesteuer eine Katzensteuer einzuführen. Haha. Netter Versuch. Aber nicht mit uns! Zumindest nicht zweimal in einer Woche! Unsere Antwort: «Da kann ich Ihnen heute leider kein Zitat liefern, der Bundesvorstand ist gerade mit anderen Dingen beschäftigt.» Auf ihre Anfrage bei den Fachpolitikern in der Fraktion bekam die Journalistin die gleiche Antwort. Zum Schluss rief sie bei unserer Jugendorganisation an. Gute Idee, denn die Jugend ist radikal und rebellisch und pinkelt aus Spaß schon mal auf eine Deutschlandflagge. Aber auch da leider Fehlanzeige. Der Sprecher der Grünen Jugend wollte nämlich auch keine Katzensteuer fordern. Er sagte jedoch, weil er sich bei dem Thema – überraschenderweise – nicht sofort auskannte, da bräuchte man mehr Informationen und Analysen. Mehr Analysen sind immer gut. Wer nicht weiß, was er fordern soll, fordert erst mal Aufklärung. Die *FAZ* titelte daraufhin online: «Grüne offen für Katzensteuer.» Auf *Focus online* lautete die Überschrift ein paar Stunden später sogar: «Medienbericht: Grüne wollen 13 Millionen Katzen in Deutschland besteuern.» Stimmte nicht, war aber ein perfekter Aufreger für Katzenfreunde und alle, die die Grünen sowieso nicht mögen. Auf den Facebook-Seiten unserer Kreisverbände und Landtagsabgeordneten hinterließen tobende Bürger wütende Beschimpfungen, Blogs verkündeten, die Grünen seien in der Hand der Jägerlobby. Oder völlig durchgedreht. Und der Rest der Republik brummte: Warum kümmern sich Politiker nicht mal um Themen, die wirklich wichtig sind, statt um Burkaverbot, Katzensteuer und Veggie-Day?

Früher, vor langer, langer Zeit, als die Handys noch aufklappbar waren, war das Zeitungslesen eine Frühstücksangelegenheit. Die Zeitung wurde bei weichgekochtem Ei und Filterkaffee von vorne nach hinten durchgelesen. Und für Politiker reichte es, abends in der *Tagesschau* zu sein und die Pressemitteilung bis zum frühen Nachmittag verschickt zu haben.

Heute ist das Nachrichten-Konsumieren deutlich weniger gemütlich. Weil wir alle keine Zeit mehr und nur noch eine winzige Aufmerksamkeitsspanne haben und weil ohnehin alles viel schlimmer ist als früher und so, scrollen wir nur noch durch das Internet und klicken auf das, was am lautesten «Hier!» schreit. Was dazu führt, dass das «Hier!»-Schreien und das Auf-und-Ab-Hüpfen und das Wild-mit-den-Armen-Wedeln einen entscheidenden Teil des Journalismus ausmacht. Einem Verleger konnte es früher ziemlich egal sein, ob jemand die Zeitung ganz las oder nur den Sportteil, solange dieser jemand sie nur abonniert hatte. Der Erfolg von Online-Medien dagegen wird bekanntlich an Klicks gemessen. Und Klicks bekommt man am besten durch Clickbait («Klickköder»), also Überschriften, die entweder eine Riesenüberraschung versprechen («Dieses Kätzchen wollte nur Blockflöte spielen, was dann passierte, wird Dich zum WEINEN BRINGEN!!!!») oder besonders reißerisch oder provozierend sind – also wie ein gewöhnlicher *Bild*-Aufmacher, nur viel schlimmer.

Die *Huffington Post Deutschland* schaffte es zum Beispiel, einen Artikel mit folgender Überschrift zu versehen: «1000 Fälle im Jahr: Das machen Einwanderer mit deutschen Kindern», darunter ein Foto von einer großen Gruppe dunkelhaariger Männer, die bedrohlich ihre Handykameras hochhalten. Worum ging es? Kinderpornografie? Entführungen? Religiöse Rituale, die das Blut und die Locken von blonden Kindern erforderten? Fast. Gemeint war die wachsende Vornamensvielfalt in Deutschland. Die Tatsache also, dass – obwohl gefühlt immer noch alle Ein- bis Dreijährigen Mathilda oder Luca heißen – immer mehr neue Namen registriert werden, die es hierzulande bisher nicht gab. Anakin zum Beispiel.

Politiker sind an dem Spiel mit dem Clickbait auch nicht so ganz unschuldig. Denn wenn Politiker in die Medien wollen (und das wollen sie fast immer, weil man sich im Wahlkreis sonst fragt, was die oder der eigentlich den ganzen Tag so macht, von dem hört man ja gar nichts, die arbeitet wohl nicht, Faultiere …), also, wenn Politiker in die Medien wollen und sie wissen, dass das total wichtige Konzept zum sozialeren Wohnungsbau bei Online-Redakteuren noch nicht mal ein Gähnen auslöst, dann müssen sie sich eben an das bewährte Rezept halten:

Wie komme ich in die Medien

Der Forderungskombinator

1 Wählen Sie eine Maßnahme:

- Verbieten
- Xy die Schuld an den Zuständen in Deutschland geben
- Besteuern
- Beschimpfen
- Abschieben

2 Wählen Sie eine Zielgruppe:

- Muslime
- Google
- Radfahrer
- Prenzlauer-Berg-Mütter
- Plastiktüten
- englischsprechende Kellner

3 Wählen Sie eine Form:

- «Total geheimes» Strategiepapier
- Zehn-Punkte-Plan
- Offener Brief
- Wutrede
- Interview in einer Boulevardzeitung

4 Extras:

- Parteispitze kritisieren
- Fraktionsspitze kritisieren
- Wutanfall vor Kamera

25 Ein Sack Reis

Warum Medien nicht immer das berichten, was du wichtig findest

Ich rege mich gerne darüber auf, dass wir über den grausamen Krieg im Jemen so wenig hören. Mit meiner Friseurin habe ich mich vor Kurzem während des Shampoonierens darüber gestritten, ob zu viel oder zu wenig über die Gewalt berichtet wird, die von Flüchtlingen ausgeht. Wenn wir um die Opfer eines Terroranschlags in Frankreich trauern, stellen zwanzig Prozent meiner Facebook-Freunde die Frage, warum wir den Opfern des Anschlags in Kabul einen Tag zuvor nicht dieselbe Aufmerksamkeit haben zukommen lassen. Und meine Chefs in der Politik haben sich sowieso immer darüber beschwert, dass ihre Reden nicht prominent genug thematisiert wurden, jeder politische Ausrutscher dagegen in den Medien über Wochen rauf und runter debattiert wurde.

Was also machen die Journalisten eigentlich? Losen sie die *Tagesschau*-Themen aus, oder sortieren sie die nach Farben?

Medienforscher haben eine ziemlich lange Liste von Kriterien definiert, die bestimmen, wie wahrscheinlich es ist, dass ein Ereignis in den Medien landet – oder eben nicht.

Ist zum Beispiel ein Sack Reis umgefallen, dann muss man sich fragen:

- Ist der Sack Reis über einen Zeitraum von zwei Wochen langsam Richtung Boden gesackt, oder hat es ihn mit einem lauten Wums umgehauen? (Frequenz)
- Ist der Sack Reis auf der Freiheitsstatue umgekippt oder auf einem Feld in Kansas? (Bekanntheit)

- Ist der Sack Reis auf ein Hundebaby gefallen, oder ist er aus einem UN-Flugzeug in ein Krisengebiet geplumpst? (Schlechte Nachrichten verkaufen sich besser als gute.)
- Ist der Sack im Weltall umgekippt? (Überraschung)
- Wissen wir, warum der Sack umgefallen ist und welche Konsequenzen so ein umgefallener Sack Reis hat? (Eindeutigkeit)
- Hat jemand den Sack umgeschmissen? Und wissen wir, wer? Und wem das Hundebaby gehört hat? (Personalisierung)
- War in dem Sack ostasiatischer Wasserreis (uninteressant),

oder waren da vielleicht doch deutsche Kartoffeln drin (interessant)? (Bedeutsamkeit)

- Ist der Sack Reis in den USA umgekippt oder in Eritrea? (Beziehung zu «Elite-Nationen»)
- War das womöglich Beyoncés Sack Reis oder nur der von Frau Schmidt? (Beziehung zu den Reichen und Mächtigen)
- Ist der Sack in Ostjerusalem umgekippt, und Israelis und Palästinenser streiten sich jetzt, wer den Reis auffegen muss? (Konflikt)
- Ist der Sack Reis umgekippt, weil die Regierung mal wieder trotz Expertenwarnung keine Sicherheitsvorkehrungen getroffen hat? («Consonance»: Wie passt das Ereignis ins Weltbild der Journalisten?)
- Ist der Sack jüngstes Opfer eines Serientäters, der überall im Land mutwillig Reissäcke umschmeißt? (Kontinuität)
- Hatte der *Spiegel* gestern einen Sack Reis auf dem Titel? (Konkurrenz)
- Ist der Sack Reis inmitten von Protesten gegen die sinkenden Getreidepreise umgefallen? («Co-optation»: Passt das Ereignis in einen größeren Zusammenhang?)
- Hat ein Redakteur vielleicht schon seit Wochen im Reis-Milieu recherchiert? (Vorfertigung)
- Ging vorgestern eine Pressemitteilung an alle Redaktionen raus, dass die Welthungerhilfe für heute 16 Uhr einen Flashmob zum Thema Lebensmittelverschwendung auf dem Marktplatz geplant hat und in diesem Zusammenhang einen Sack Reis umschmeißen wollte? (Voraussagbarkeit)
- Haben die Journalisten genügend Zeit, die Meldung zu schreiben und ein Statement von der Kanzlerin einzuholen? (Zeitknappheit)
- Ist ein Fotograf in der Nähe, der es schafft, den Reis zu fotografieren, bevor die Straßenreinigung alles auffegt? (Logistik)

- Können die Reporter selbst abwiegen, wie viel Reis im Sack war, oder müssen die Medien sich da auf Statistiken der Stadtverwaltung verlassen? (Daten)

Kurz gesagt: Warum wir manche Dinge in der *Tagesschau* sehen und andere nicht, hat viele Gründe. Aber es hat Gründe.

26 Wenn es auf Twitter steht, muss es stimmen

Wieso auch Politiker nur noch auf ihre Handys starren

Als Klaus Wowereit 2012 die Berliner Koalitionsverhandlungen zwischen den Grünen und der SPD platzen ließ, schickte die *dpa* eine Eilmeldung über den Nachrichtenticker, die ich sofort an unsere Politikerinnen und Mitarbeiter weiterleitete. Zwei Minuten später bekam ich eine Mail zurück: «Danke, aber das stand doch schon seit 40 Minuten auf Twitter!»

Ja. Danke auch. Natürlich stand das schon seit vierzig Minuten auf Twitter. Wenn ich in meiner Zeit als Pressesprecherin auf alles sofort reagiert hätte, was auf Twitter stand, dann hätte ich schon acht Trauer-Pressemitteilungen für Barack Obama und Britney Spears herausgegeben. Der pakistanische Verteidigungsminister drohte Israel über Twitter sogar mit Atomkrieg, weil er auf eine Falschmeldung hereingefallen war. Beruhigend zu wissen, dass selbst Menschen in Armlänge zum roten Knopf – DEM roten Knopf – nicht nochmal ihre Quellen checken, bevor sie Weltuntergangseskalationsstufe 1 aktivieren.

Twitter. Seit es Twitter gibt, schwirren alle in Politik und Medien nur noch panisch mit auf ihr Handy gesenktem Blick durch die Gegend wie Gewitterfliegen. Und alle Mitarbeiter hauen

ihre Stirn im Sekundentakt auf die Tischplatte. Nicht nur Trump twittert selbst. Auch viele deutsche Politiker nutzen diese Möglichkeit, direkt mit der Welt zu kommunizieren, ohne dass die Pressestelle, die Büroleiterin oder die Abteilung für Öffentlichkeitsarbeit an ihren Sätzen rumnörgelt, rumschreibt oder ihnen den Text ganz ausredet. Wenn Online-Medien und 24-Stunden-Nachrichtensender für die Politik ein doppelter Espresso waren, dann ist Twitter so was wie Speed. Nichts hat mehr Zeit. Nichts wird mehr gegengecheckt. Weder die eigenen Aussagen noch die Informationen, auf die man mit diesen Aussagen reagiert. Twitter ist wie laut denken. Das sollte man aber eher nicht in aller Öffentlichkeit tun.

«Wenn Sie was Ordentliches gelernt haben, dann brauchen Sie keine drei Minijobs!», erklärte Peter Tauber von der CDU zum Beispiel per Twitter als Antwort auf eine Frage zur Vollbeschäftigung. Fand eher wenig Anklang. Jörg Rupp, der im Parteirat der baden-württembergischen Grünen saß, twitterte zum guten Abschneiden der FDP-Kandidatin bei den Bürgerschaftswahlen in Hamburg: «Muss man sich mal vorstellen: Mit Titten und Beinen anstatt Inhalten.» Damit landete er am nächsten Tag gleich auf Seite 1 der *Bild*-Zeitung und bekam deswegen nicht nur Ärger mit der FDP, sondern auch mit seiner eigenen Partei.

So was passiert, wenn man schreibt, ohne nachzudenken. In solchen Fällen entschuldigen sich Politikerinnen dann artig für den Blödsinn, den sie getextet haben. Andere wissen natürlich genau, was sie tun und wie sie provozieren können. Trump. Oder Beatrix von Storch. Schiebt gerne mal tödliche Amokfahrten eines Deutschen den Flüchtlingen in die Schuhe. Oder sie beschwert sich, dass das Brandenburger Tor noch nie wegen eines Anschlags in Schwarz-Rot-Gold angestrahlt war, was natürlich auch nicht stimmt. Aber anstatt sich vernünftig zu entschuldigen und vielleicht daraus zu lernen, legte von Storch in beiden Fällen nochmal nach. Wenn man schon mal die Aufmerksamkeit hat … Twitter lässt nicht nur das Politik-Medien-Karussell sich so schnell drehen, dass allen schlecht wird, es verzerrt auch für alle, die ständig drauf schauen, was draußen in der Welt passiert.

«Die Presse ist voll schlecht», grummelte mal ein Politiker, der mich auf einem Parteitag aus Versehen fast umstieß (weil Augen auf dem Handy und nicht geradeaus). Die Presse war überhaupt nicht schlecht. Ich hatte gerade auf dem Laptop im Pressezentrum alle Abendnachrichten gesehen: In denen kam der Parteitag richtig gut weg, und auch mit den bereits online verfügbaren Aufmachern der Zeitungen vom nächsten Tag konnte man mehr als zufrieden sein. «Wie kommst du denn auf die Idee, dass die Presse schlecht ist?», fragte ich. Wenn man in der Pressestelle arbeitet, wird man für schlechte Presse natürlich immer mitverhaftet und ist deswegen sehr empfindlich, was die Bewertung der Presselage angeht. Er hielt mir den Tweet eines Journalisten auf seinem Handybildschirm vor die Nase: Einer der anwesenden Journalisten hatte etwas Gemeines getwittert. «Ein Tweet! Einer!» Ich hielt dem Politiker einen Kurzvortrag zum Thema Reichweite. Follower des Journalisten: ca. 8000, Zuschauer *Tagesschau*: zwischen acht und zehn Millionen, *heute*-Sendung: um die vier Millionen, Leser *Süddeutsche Zeitung*: etwa zwei Millionen. Das ist die berühmte Twitter-Blase: ein Kreis von Hauptstadtjournalisten und Politikerinnen, die sich alle gegenseitig folgen und glauben, dass das, was in dieser Blase diskutiert wird, deckungsgleich ist mit der Welt da draußen. Dabei gucken da draußen immer noch alle die *Tagesschau* und lesen die *Bild*-Zeitung oder *Spiegel Online*.

Nachdem ich dem Politiker also eine kleine wütende Standpauke gehalten hatte, lief ich selbstzufrieden weiter, um mit einem Kollegen aus dem Bundesvorstandsbüro eine Interviewanfrage zu klären. Als ich ihn im Gewirr aus Delegierten, Journalisten, Mitarbeiterinnen und Catering-Personal fand, schaute er mich irritiert an: «Was guckst du denn so fröhlich? Die Presse ist total mies.»

27 Mimimi

Kleine Therapiesitzung zwischen Politik und Presse

Pressesprecher sind gelegentlich so etwas wie Paartherapeuten, die zwischen zerstrittenen Ehepartnern vermitteln müssen: Politikern muss man ständig erklären, was Journalistinnen sich so denken, und den Journalisten muss man wiederum vermitteln, warum sich Politikerinnen so verhalten, wie sie es tun.

Sätze, die Pressesprecher von Politikern nicht mehr hören wollen

«Die schreiben, ich hätte vor der Abstimmung nervös ausgesehen. So ein Blödsinn, ich kam nur gerade vom Zahnarzt! Das musst du sofort richtigstellen lassen.»

Ich fände es auch nicht nett, wenn Menschen ständig an meinen Gesichtszügen heruminterpretieren würden wie an einem Kandinsky-Gemälde und das Ergebnis in die Welt hinaustrügen, als sei es das Resultat investigativer Recherche und nicht mehr oder weniger gehobener Kaffeesatzleserei. Aber hey. Das dürfen die. Journalisten dürfen persönliche Eindrücke schildern, auch wenn sie voll danebenliegen.

«Der hat mich total auf dem Kieker!!»

Natürlich kann es passieren, dass eine Journalistin einen Politiker wirklich überhaupt nicht ausstehen kann und deswegen negativ über ihn schreibt. Einen unvorteilhaften Artikel schreibt ein Journalist aber meist nicht, weil er den Politiker hasst, sondern weil sich die Geschichte gut verkauft.

«Wieso schreibt denn keiner über das Umfragehoch/den tosenden Applaus bei der Veranstaltung/wie gut wir uns im neugewählten Vorstand verstehen?»

Drei Worte: Lang. Weil. Ig. Eine politische Journalistin sieht ihre Aufgabe darin herauszufinden, was schiefläuft, wo es hakt, wo es knallt. Sie schaut dahin, wo die Menschen unzufrieden mit den Mächtigen sind. Wie herzlich das Geburtstagsständchen in der Fraktion gesungen wurde oder wie beliebt der Minister beim Volk ist, ist eher so semi-interessant. Ja, das ist schade.

«Das habe ich den Journalisten doch vertraulich erzählt!»

Journalisten sind keine Priester und keine Sorgenpüppchen. Dinge, über die nicht berichtet werden soll, sollte man nicht der Presse erzählen. «Vertraulich» heißt nicht geheim, «vertraulich» heißt: «Das haben Sie nicht von mir.»

«Warum wurde X in die Talkshow eingeladen und ich nicht?»

Talkshowredaktionen laden Politiker nicht nach protokollarischer oder gefühlter Wichtigkeit ein, sondern nach Gesichtsprominenz («Der war doch gestern schon bei *Anne Will*!»), Kampflust («Wenn Sie mich noch einmal unterbrechen, dann geh ich!»), Geschlecht («Waaaa! Wir haben schon wieder keine Frau in der Runde, ruf mal bei den Grünen oder bei den Linken an!») und inhaltlicher Position («Also, wir würden Sie aber nur einladen, wenn Sie gegen den Bundeswehreinsatz sind. Okay, gut. Wie doll sind Sie denn gegen den Einsatz? Sie müssten schon ganz, ganz doll dagegen sein!»). Jeder Pressesprecher, der behauptet, darauf großartig Einfluss nehmen zu können, ist ein doofer Angeber.

«Ich habe hier einen spannenden Gastbeitrag ...»

Politikerinnen geben ständig Interviews und schlagen sich in Talkshows herum. Trotzdem haben sie oft das Problem, dass sie nie mal in Ruhe zwei Gedanken zu einem Thema, das ihnen wichtig ist, ausbreiten können, ohne dass sie jemand unterbricht oder das Thema wechselt. Die Lösung: ein Gastkommentar, der komplett in einer Zeitung abgedruckt wird. Das Problem: Die Idee hatten schon zwölf andere Politiker an diesem Tag. Und Journalistinnen möchten Politikern lieber kritische Fragen stellen, als ihnen eine halbe Seite unwidersprochen zu überlassen.

Dinge, die Pressesprecherinnen von Journalisten nicht mehr hören wollen, und warum

«Also, wenn Sie um 6:30 Uhr schon im *Morgenmagazin* sind, dann können Sie doch problemlos vorher bei uns vorbeikommen. So um 05:45 Uhr?»

Nur weil Politiker immer und überall verfügbar sind, heißt es nicht, dass sie noch immerer und noch verfügbarer sein müssen.

«Wir machen die Story von dem Treppensturz EXKLUSIV. Wenn Sie vielleicht dafür sorgen könnten, dass Ihr Chef in den nächsten 24 Stunden auf das Humpeln verzichtet!»

Ein Pressesprecher kann Politiker weder einsperren noch ihnen das Telefon wegnehmen noch sie dazu überreden, einem

Schweigekloster beizutreten, nur damit eine Zeitung das Statement auch wirklich, ganz bestimmt exklusiv hat.

«Also, was haben wir Ihnen denn getan, dass wir so selten von Ihnen ein Interview bekommen?»

Lieblingsjournalistinnen sind die, die immer dann anrufen, wenn die Woche mit Interviews schon vollgeplant ist, und dann maulen, dass sie nie das exklusive große Samstagsinterview bekommen.

«Ihr Papier kann man doch schon als Angriff auf die Parteispitze verstehen, oder?»

Nein. Politikerinnen wollen gelegentlich auch mal Inhalte formulieren, ob Sie es glauben oder nicht. Überhaupt verbringen die meisten Politiker den Großteil ihrer Arbeit eben nicht damit, sich fiese Intrigen gegen ihre Parteifreunde auszudenken, sondern wälzen Akten für den Verkehrsausschuss.

«Es kann doch nicht sein, dass Ihre Partei keine Position dazu hat!!!»

Beliebter Journalistentrick im Spiel «Wir basteln uns eine politische Debatte»: Man finde ein Aufregerthema (Katzensteuer!), telefoniere alle Politiker im Telefonbuch ab, ob sie zu besagtem Aufregerthema eine Meinung haben, und stelle den ersten, der das Pech hatte, ans Telefon zu gehen, als denjenigen dar, der die Debatte angestoßen hat («Grüne denken über Katzensteuer nach!»).

«Ihre Partei macht auch nur noch mit absurden Aufschlägen wie der Katzensteuer Schlagzeilen statt mit relevanten Konzepten!»

Manche Journalisten beschweren sich gerne über die Realität, die sie selbst mitgeschaffen haben. Sie sind vorne mit dabei, wenn es darum geht, jede bunte Sau aus dem Stall zu ziehen und durchs Dorf zu treiben, und beklagen hinterher ausführlich die Substanzlosigkeit der Politik, und dass Politiker nicht von den Dingen reden, die «die Menschen da draußen wirklich interessieren».

«Politiker haben doch den Blick für die Realität der einfachen Menschen verloren.»

Das wird jetzt kurz sehr schmerzhaft, aber Politiker reden im Durchschnitt mit viel mehr «einfachen Bürgern» als die meisten Journalisten.

«Ich schicke Ihnen hier einen Fragenkatalog mit der Bitte um Beantwortung bis 16:00 Uhr.»

Fragenkataloge sind so etwas wie ein Polizeiverhör und werden von Journalistinnen oft benutzt, wenn sie glauben, einem Fehlverhalten von Politikerinnen auf der Spur zu sein. («Wo waren Sie am 12. März 2008 um 14:00 Uhr? Mit wem waren Sie dort? Wer hat den Pudding bezahlt? Können Sie die Zahlung belegen? Stimmt es, dass mit dem Pudding eine Schenkung von Restaurantbesitzer Müller an Sie stattgefunden hat? Haben Sie für den Pudding Schenkungssteuer gezahlt?») Die oft knapp gesetzte Deadline soll die Dringlichkeit der Fragen für das Wohlergehen Deutschlands unterstreichen. Für deren Beantwortung wühlen sich Mitarbeiter von Politikern oft stundenlang durch irgendwelche alten Terminkalender, Ehepartner suchen in Pappkartons und ausrangierten Portemonnaies nach Quittungen, Politikerinnen kramen in ihrer Erinnerung, und hinterher stellt sich meistens heraus, dass alles in schönster Ordnung war. Puh.

28 Warladys

Genderwahn, Political Correctness und die Meinungsdiktatur

«Typisch! Man kann nicht immer nur die Guten gendern!»** Mein Lieblingskollege hat einen Rest Kampfgeist in seinem müden Kopf gefunden. Es ist weit nach Feierabend. Die Parteizentrale ist menschenleer, bis auf einen kleinen Trupp von Mitarbeiterinnen und Mitarbeitern, die das Wahlprogramm zur Europawahl in der Schlussredaktion noch einmal Korrektur lesen. Und weil sich die Pressestelle ja so gut mit Buchstaben auskennt, habe ich mich breitschlagen lassen, auch noch einmal drüberzulesen.

Im Kapitel über Außenpolitik hat jemand als Korrekturvorschlag doch tatsächlich hinter das Wort «Diktatoren» ein «und Diktatorinnen» geschrieben. So ein Blödsinn!

«Wenn wir ‹Ärzte und Ärztinnen› schreiben und ‹Ingenieure und Ingenieurinnen›, also immer auch die weiblichen Formen für positive Begriffe, dann muss das bitte auch für alles Negative gelten. Also ‹Verbrecherinnen und Verbrecher›. ‹Diktatorinnen und Diktatoren›», erklärt mir der Kollege.

Ich hole tief Luft: «Erstens, nenn mir eine einzige amtierende Diktatorin! Oder überhaupt irgendeine Diktatorin!» Ich habe mit dem Wort ‹Diktatorin› keinerlei ideologisches Problem (dass die Welt, wenn Frauen sie regieren würden, eine einzige

** Gendern (sprich: «dschändern»), hier: Texte in möglichst geschlechtergerechter Form verfassen.

große Party mit selbstgemachtem Erdbeerkuchen und Fußmassagen wäre, konnte zwar noch nicht wissenschaftlich widerlegt werden, ist aber angesichts des Wirkens einiger weiblicher Führungspersönlichkeiten mittlerweile eher unwahrscheinlich). Ich habe ein statistisches Problem. In Pressemitteilungen habe ich auch schon ‹Sexualstraftäter und -täterinnen› stehen lassen, auch wenn ich genau wusste, dass das keine einzige Journalistin so übernimmt.

«Hm.» Der Lieblingskollege denkt nach, fest entschlossen, recht zu behalten.

«Imelda Marcos», kommt ihm ein Kollege zur Hilfe.

«War nur Diktatorengattin», enttäusche ich ihn. Genauso wie Eva Perron, von der ich hoffe, dass sie nicht gleich als Nächste genannt wird.

Schweigen.

«Katharina die Große?», versucht es der Lieblingskollege, ohne großes Vertrauen in seine eigene Beweisführung.

«Äh, die war Monarchin.»

Der Kollege gibt sich geschlagen. «Was war denn zweitens?»

«Zweitens?» Ich bin schon triumphierend auf dem Weg zur Tür.

«Du hast ‹erstens› gesagt», antwortet der Lieblingskollege. «Was war denn zweitens?»

«Zweitens: Wenn ihr schon ‹Diktatorinnen und Diktatoren› schreibt, dann müsst ihr aber auch noch aus den ‹Warlords› ein ‹Warlords und Warladies› machen.»

Bei den Grünen achtet man auf diese Dinge. Bei den Linken auch. Und der SPD auch. Einige meinen, das sei ein bisschen übertrieben. Sie sprechen von Bevormundung oder «Genderwahn» (der gar nicht die wahnsinnig macht, die geschlechtergerechte Sprache verwenden, sondern meist vor allem diejenigen, die tiefrot anlaufen, wenn sie ein großes Binnen-I sehen). Es gebe, behaupten sie, eine Sprachpolizei, die von den Meinungsdiktatorinnen und -diktatoren dazu abgestellt wurde, das Leben der Wutbürgerinnen und -bürger zur Hölle zu machen.

Wenn es in Deutschland wirklich eine Sprachpolizei gäbe, die Knöllchen verteilen könnte, dann wäre das natürlich ganz furchtbar. Nein, Moment mal … es wäre ganz großartig! Zwanzig Euro Strafe für die falsche Anwendung des Genitivs, dreißig Euro für Menschen, die ihre «Performance tracken» und «einen neuen Approach für unsere Visibility brauchen», und einen Strafpunkt für jeden, der erklärt, «die Maßnahme hat einen Realisierungshorizont nach 2025». Super Sache.

Leider meinen diejenigen, die von «Sprachpolizei» reden, etwas anderes: Man dürfe kontroverse Meinungen überhaupt nicht mehr äußern, ohne dass die «Sprachpolizei» oder gewisse «Anstandswächter» auftauchten. Alle möglichen Dinge dürften in Deutschland ja gar nicht mehr gesagt oder geschrieben werden, vor lauter «politischer Korrektheit». Was sie eigentlich meinen, ist: «Jetzt darf ich noch nicht mal in Ruhe ‹Neger› sagen oder einer Frau ein Kompliment für ihren Busen machen, ohne dass sich andere darüber aufregen.»

Es herrsche in Deutschland eine Meinungsdiktatur, die es unmöglich mache, Kritik daran zu äußern, wird im Kommentar auf Seite 1 der *FAZ* gewarnt. Auf den Podiumsdiskussionsbühnen der Republik erklären Märtyrer der Meinungsfreiheit ihrem Publikum, man wäre mundtot gemacht worden. Auf Demonstrationen wird in Sprechchören Widerstand gegen die Unterdrückung der Meinungsfreiheit skandiert. Und Thilo Sarrazin hat mehrere Bestseller mit Dingen gefüllt, die er angeblich alle in Deutschland nicht sagen darf. Daraufhin wurde er in sämtliche Talkshows eingeladen, um die Wahrheiten, die er nicht

SEXISTISCHE WERBUNG IST DOOF!
geh lieber nach HAUSE und KOCH MIR etwas
WO IST meine MEINUNGS-FREIHEIT, DU DUMME TUSSI!?
FEMI-NAZI!
NIEDER MIT DEM GENDERWAHN!

sagen darf, über Wochen alle noch einmal vor Millionenpublikum zu wiederholen.

Eigentlich ist es ganz einfach. Meinungsfreiheit heißt: Du darfst deine Meinung frei äußern, und zwar in Wort, Schrift und Bild. Meinungsfreiheit heißt nicht, dass niemand deine Meinung kritisieren darf. Ich darf eine Meinung zu deiner Meinung haben. Wer sich auf den Marktplatz stellt und ruft: «Alle Muslime sind Verbrecher», der muss es sich auch anhören, wenn ihm jemand entgegenbrüllt: «Du bist ein oller Rassist!» Meinungsfreiheit heißt nicht, dass Journalisten deine Meinung in ihrem Aufmacher abdrucken müssen. Deine Meinung garantiert dir auch keinen Platz in der *Tagesschau*, egal, wie wichtig du sie findest. Meinungsfreiheit heißt außerdem nicht: Nur weil du eine Meinung hast, müssen dir alle zuhören.

Wer die Political Correctness beklagt, meint damit meist, er hat ein Recht auszuteilen, ohne einstecken zu müssen. Und die Anhänger der Political-Correctness-Verschwörungstheorie wittern überall Verrat. Zehn Jahre nachdem sich Elmshorn eine neue Weihnachtsbeleuchtung gegönnt und damit seinen Weihnachtsmarkt als «Lichtermarkt» erfolgreich aufgepimpt hat (okay, zehn Euro für die Sprachpolizei) und nachdem es in den Folgejahren wagte, eine dunkelhäutige Elmshorner Grundschülerin als Weihnachtsengel auf ein Plakat zu drucken, platzte der Anti-PC-Fraktion spontan der Kragen. Völlig spontan genau zehn Jahre nach der Umbenennung. Es war doch ganz eindeutig, dass in Elmshorn der Weihnachtsmarkt 2007 wegen der syrischen Flüchtlinge von 2015 umbenannt wurde! Wegen der Political Correctness. Was zu viel ist, ist zu viel.

Angesichts der Frauen-Fußball-WM in Deutschland 2011 beschwerte sich ein Kommentator von *n-tv*, die Nation würde vom ZWANG gepiesackt, sich auf die Frauen-WM genauso freuen zu MÜSSEN wie auf die Männer-WM 2006. Als hätte man Männer gewaltsam in weiße Lieferwagen geschmissen, in die Sportkneipen geprügelt und mit Elektroschockern malträtiert, wenn sie nicht bei jedem Tor der deutschen Fußballfrauen hoch genug von den Stühlen hüpften.

TEIL VII

WAHLKAMPF UND PARTEIEN

29 Megaparty (mit modifizierten Verfahrensvorschlägen)

Was auf Parteitagen passiert

Ein Parteitag ist im Prinzip die Jahrestagung einer Partei. Er ist eine Riesenshow mit Licht, Musik, Ballons und *standing ovations*. Gleichzeitig ist er kleinstteilige Textarbeit zu Hunderten von Kommas und Nebensätzen mit Hunderten von Mitschreibern. Und ein gigantisches Familientreffen. Eine Jobbörse, Gerüchteküche, Volksfest. Man könnte das Ganze vielleicht am besten beschreiben als ein Britney-Spears-Konzert, bei dem die Background-Tänzer nebenbei noch die Zwei-Staaten-Lösung für Israel und Palästina ausverhandeln müssen, während das Publikum zugleich mit Eierpunsch den siebzigsten Geburtstag von Tante Helga feiert.

Um etwas Ordnung ins Chaos zu bringen, hier mein

Kleines Parteitagslexikon:

Antrag, der: Auf allen Parteitagen wird über irgendetwas abgestimmt. Entweder man erneuert das Grundsatzprogramm der Partei, oder es werden Positionen zu Themen neu ausgehandelt, die gerade das Land bewegen. Oder aber ein Wahlprogramm muss beschlossen werden. Dazu stellt die Parteiführung meistens «Leitanträge», mühsam und liebevoll mit allen möglichen Fachgruppen, Arbeitsgemeinschaften und Fraktionssprechern ausgearbeitete Vorschläge. Dann kommen die Delegierten und gehen mit der Sensibilität eines Rudels Wildschweine in einem Zehlendorfer Villengarten einmal durch den Entwurf.

Änderungsantrag, der: Zum Wahlprogramm der Grünen zum Beispiel werden in der Regel mindestens an die 2000 Änderungsanträge für den Entwurf des Bundesvorstands eingereicht. Einen Änderungsantrag darf neben den Parteigremien wie Fraktion, Grüner Jugend oder Bundesarbeitsgemeinschaften jedes Mitglied einreichen, wenn es dafür die Unterstützung mindestens neunzehn anderer Mitglieder findet. Und weil die grüne Basis zu ziemlich vielem eine Meinung hat, findet man immer auch genügend Unterstützer für die Forderung, im Wahlprogramm das Wort «Himbeere» gegen «Erdbeere» auszutauschen (Begründung: Erdbeeren im Winter sind das größere Verbrechen).

Beschlussvorlage, die: Wenn man jeden einzelnen der 2000 Anträge debattieren und darüber abstimmen würde, dann müssten die Delegierten wohl große Teile ihres Jahresurlaubs in einer Messe- oder Sportveranstaltungshalle ohne Tageslicht verbringen. Das möchte bei allem Respekt für die Basisdemokratie dann aber doch keiner. Deswegen werden die Änderungsanträge in drei Kategorien aufgeteilt:

Kategorie «Komm, scheiß drauf!»: Ob da «Himbeere» statt «Erdbeere» steht, «menschenrechtsorientiert» statt «humanitär» oder «Tiere» statt «Geschöpfe», ist für den Ausgang der Bundestagswahl ziemlich egal. Der Vorschlag wird einfach übernommen.

Kategorie «Hm»: Für eine «modifizierte Übernahme» handelt man zwischen den Verfassern des eigentlichen Antrags und denen des Änderungsantrags einen Kompromiss aus, mit dem beide leben können.

Kategorie «Vergiss es»: Wenn es keinen Kompromiss gibt, wird abgestimmt. Manchmal passiert es, dass eine Antragstellerin auf Teufel komm raus auf eine Abstimmung drängt, weil sie dann ein paar Minuten Redezeit auf großer Bühne bekommt. Oder das Gegenteil passiert: Der Antragsteller zieht den Änderungsantrag im letzten Moment zurück, weil er weiß, dass er die Abstimmung verlieren würde, und darauf gesetzt hat, dass man ihm mit einem Kompromiss entgegenkommt.

Zum Schluss werden Übernahmen, modifizierte Übernahmen und Abstimmungen in einer sogenannten Beschlussvorlage zusammengefasst, die so übersichtlich ist wie das Organigramm der Trump-Regierung.

Bier, das: Parteitage sind auch für Delegierte Schwerstarbeit, oft bis spätabends, manchmal bis in die Nacht. Ein Fotograf, der sich beim Grünen-Parteitag im Pressecenter gegen 22:30 Uhr einen Filterkaffee holte, schnaufte mal – halb anerkennend,

halb erschöpft –: «Also, ich muss schon sagen, Respekt. Bei der SPD sind sie ab 15 Uhr schon alle am Saufen!» Wichtiger Bestandteil eines Parteitages ist tatsächlich das Saufen. Oder wie es offiziell heißt: das Netzwerken. Der Parteitag ist das größte Klassentreffen, das eine Partei so zu bieten hat, und nirgendwo sonst treffen Spitzenpolitiker, Landespolitikerinnen, Kreisvorsitzende, neugierige Neumitglieder und Mitarbeiterinnen so gleichmäßig müde und erschöpft bei pappigem Messecateringessen und später bei gesponsertem Bier aufeinander.

Comedy-Sendungen, die: Parteitage sind ein fantastischer Spielplatz für Politsatire-Sendungen wie die *heute-show* und *extra* 3. Redakteure laufen durch die Reihen, suchen die am unschuldigsten und landeiigsten aussehenden Delegierten, warten, bis sie später im besten Fall noch etwas angetütert sind, und stellen ihnen dann böse Fangfragen, in der Hoffnung, dass sie die blödesten Klischees über ihre Partei bestätigen (Grüne sind Ökohippies, FDPler gewissenlose Besserverdiener, CSUler sind alles Bauern, hihi) oder sich anderweitig blamieren.

Delegierte, die: Delegierte werden von ihren Kreisverbänden gewählt und zum Parteitag geschickt. Sie stimmen über die Anträge ab und können Reden und Gegenreden halten. Gleichzeitig sind sie Publikum, das bei den Reden der anderen fürs Fernsehen ordentlich klatschen soll und sich brav so anzuziehen und zu benehmen hat, wie sich der Fernsehjournalist einen Grünen oder einen Sozen oder einen CDUler eben vorstellt. In Fernsehberichten zu grünen Parteitagen kommen zum Beispiel immer, wirklich immer, folgende Elemente vor: ein Delegierter, der strickt, ein Kind, das vom Delegierten-Papa im Hippietragetuch vor der Brust getragen wird, Männer mit langen Haaren und Bärten und Batikhalstücher.

Gastredner, die: Gastredner sollen eine gesunde Mischung aus Prominenz und neuer Perspektive in den Parteitag einbringen. Damit zeigt die Partei: Man beschäftigt sich nicht nur mit sich selbst, sondern hört auch anderen zu. Vor dem ersten Brainstorming in der Parteizentrale haben alle gute Laune. Warum nicht Al Gore zum Klimawandel? Emma Watson zu Frauenrechten oder Leonardo DiCaprio zu irgendwas, vielleicht auch zum Klimawandel? Am Ende kommen dann doch immer Menschen, die seltener in der *Gala* abgelichtet sind, aber mindestens genauso Wichtiges zu sagen haben: der Chef des Potsdam-Instituts für Klimafolgenforschung oder der Präsident des Zentralverbands des Deutschen Handwerks.

Halle, die: Veranstaltungsorte für Parteitage sind in der Regel Messehallen oder große Sporthallen. Das heißt: Die Teilnehmerinnen sehen drei Tage kein Tageslicht, die Journalisten haben kein WLAN, und die nächstgelegene Alternative zum Messecatering ist eine Stunde Fußmarsch entfernt.

Journalisten, die: Was die mediale Aufmerksamkeit angeht, bedeutet ein Parteitag: mindestens zwei Tage volle Präsenz auf allen Kanälen. Also nicht ganz auf allen. Auf *RTL II* läuft auch dann weiter *Frauentausch*, wenn Angela Merkel und Horst Seehofer sich auf dem CSU-Parteitag mit Kartoffelsalat beschmeißen. Um die hundert Mitarbeiter (vom Techniker bis zum Chefredakteur) bringt alleine die *ARD* mit. Ein Parteitag ist ein Paradies für Journalisten, denn sie können sich mit der frustrierten Parteibasis am Würstchenstand unterhalten und zwanzig Minuten später an der Bar mit der Parteichefin reden.

Kinderbetreuung, die: meistens direkt neben der Pressestelle. Aus rein logistischen Gründen natürlich.

Mitternacht, die: Das Ende des Parteitages steht immer vorher schon fest. Egal, wo er veranstaltet wird, irgendein Teil Deutschlands (Kiel, Freiburg, Greifswald) ist immer so weit entfernt, dass man als Delegierte spätestens um 14 Uhr den ICE kriegen muss. Dafür ist dann meistens am Tag zuvor *open end*. Je nach Debatte kann es dann auch weit nach Mitternacht werden. Eine Journalistin der *Bild*-Zeitung hielt einmal auf einem Grünen-Parteitag noch tapfer die Stellung, während ihre Kollegen langsam die Laptops einpackten, um ins Hotel zu verschwinden. Der letzte Programmpunkt des Abends, eine Diskussion zum in Deutschland gerade heiß diskutierten Thema Beschneidung, hatte sich auf nach Mitternacht verschoben, und die Journalistin wollte unbedingt sehen, wie das Wort «Beschneidung» von der Gebärdensprachendolmetscherin umgesetzt würde. Leider packte auch die Dolmetscherin um Mitternacht ihre Sachen, weil ihr Vertrag diese Uhrzeit als Arbeitsende vorsah.*** Und die Journalistin musste sich ihren Teil denken.

Programm, das (ein Mysterium): Die Tagesordnung, die man auf einem Parteitag bekommt, sieht ungefähr so aus:

Freitag, 26. Januar, Beginn: 17:00 Uhr
TOP 1 Begrüßung und Formalia
TOP 2 Politische Rede
TOP 3 Aktuelle Debatte: Zukunft ist super
TOP 4 Zukunft ist Möhre

*** Für alle, die neugierig sind: Es ist nicht die auch von der Journalistin vermutete Schere von Zeige- und Mittelfinger, sondern eine Faust mit ausgestrecktem Daumen, um dessen Spitze der Daumen der anderen Hand in einer runden Schneidebewegung geführt wird.

Samstag, 27. Januar, Beginn: 09:00 Uhr
TOP 5 Zukunft ist 'ne blöde Kuh
TOP 6 Zukunft ist eine Pralinenschachtel (sagt Mama immer)
TOP 7 Wahl Bundesschiedsgericht
TOP 8 Nachwahl Antragskommission

Sonntag, 28. Januar, Beginn: 09:00 Uhr
TOP 9 Wahl Bundesvorstand
TOP 10 Zukunft ist auch nicht mehr das, was sie mal war
TOP 11 Verschiedenes
TOP 12 Wahl Parteirat
Ende: ca. 14:00 Uhr

«Danke», sagt da jeder Fernsehjournalist, der eine Live-Sendung organisieren muss. «Wie soll ich denn damit bitte einen Sendeplatz planen?» (Mein Hinweis, dass beim Fall der Mauer auch ohne detaillierten Ablaufplan problemlos live berichtet werden konnte, stieß nicht auf das erhoffte Verständnis. Wohl wegen unterschiedlicher Auffassungen von der globalen Relevanz der beiden Ereignisse.) Erst zwei Tage vor Beginn des Parteitages wird das fast definitive Programm rausgerückt, das dann einem kleinen verkannten Kunstwerk gleicht: ein präzise aufeinander abgestimmtes Puzzle, in dem vom Ministerpräsidenten über die Fraktionsvorsitzende und Karl-Heinz vom KV Pinneberg bis zur Umweltaktivistin aus Indonesien alle mal ans Rednerpult kommen und bei dem trotz der Tatsache, dass man oft bis zur letzten Sekunde nicht weiß, ob ein Änderungsantrag diskutiert und abgestimmt wird, zum Schluss alles zeitlich passt.

Reden, die: Es wird gerne mal behauptet, dass der ein oder andere Politiker auf dem nächsten Parteitag «die Rede seines

Lebens» halten muss. Politiker halten ständig Reden: im Bundestag, beim Neujahrsempfang des bayerischen Landesverbandes, beim Sommerfest des Bundesverbands der Eisbärenfotografen. Aber nur auf Parteitagen wird bei ihren Reden die Applauslautstärke von Journalisten bis auf drei Stellen hinter dem Komma gemessen, wird die Schweißmenge geschätzt und jede Körperbewegung bewertet. «Er tobt und schimpft», «sie stößt mit beiden Händen in die Luft, haut ein Bündel Papier vor sich hin», «... bis ihm die Haare schweißnass in die Stirn hängen». Beim Lesen der Beschreibungen von Parteitagsrednerinnen könnte man meinen, man hätte eine Eiskunstlauf-Jury das Verhalten von Autofahrern im Feierabendverkehr bewerten lassen.

Sponsoren, die: Parteitage sind teuer. Für kleine Parteien mit weniger Geld und mehr Basisdemokratie noch teurer als für die großen. Deswegen gibt es bei allen Parteitagen vor der Haupthalle – oder wo auch immer Platz ist – einen bunten Jahrmarkt von Ausstellern, also Unternehmen, Verbänden und Vereinen, die für Geld einen Stand aufbauen dürfen, um so für ihre Produkte oder ihr Anliegen zu werben. Und weil Delegierte und Politiker relativ wenig Zeit haben, um sich über den Zustand des deutschen Gartenbaus oder der Wasserwirtschaft zu informieren, gibt es überall etwas umsonst. Erfahrene Parteitagsteilnehmerinnen bei den Grünen wissen: Der Sparkassenverband hat den besten Espresso, beim Bundesverband Garten-, Landschafts- und Sportplatzbau gibt es einen ganzen Bonbonstand mit Lakritzschnecken und Pfirsichherzen, und die längste Schlange ist morgens beim Waffelstand, bei dem sich keiner erinnert, wer den da hingestellt hat. Investigative Journalisten versuchen gerne mal, damit die Käuflichkeit von Parteien nachzuweisen. Die anderen Journalisten trifft man bei den Lakritzschnecken.

30 Politiker-Olympia

Wahnsinn Wahlkampf

«Das ist eine Packung Suppengrün.» Jürgen Trittin sitzt auf einem Hocker in einem dunklen Aufnahmestudio. Über ihm baumelt ein Mikro. In der Hand hält er eine Packung Suppengrün. «Mit Suppengrün», sagt Jürgen Trittin mit seiner sonoren Stimme, «kann man prima Suppen machen.» Er lächelt tapfer. «Und Soßen.» Ich lächle auch tapfer. Der Radioredakteur freut sich einen Keks. Wir sind irgendwo im Ruhrpott bei einem großen privaten Radiosender, und das Spiel, in das der Spitzenkandidat ungefragt komplementiert wurde, hat keinen tieferen Sinn. Eine Praktikantin reicht dem Gast Gegenstände, und er darf dazu frei assoziieren. Jürgen Trittin kann zu fast allem frei assoziieren, zu so vielem, dass es seinen Mitarbeitern manchmal auch etwas unheimlich ist. Man kann ihm ein Stichwort sagen: Biosprit, Urbanisierung, Kongo, Milchkühe ... Und zack – bekommt man ein brillantes Kurzreferat. Warum er jetzt aber ein Referat über Suppengrün halten soll, will dem Spitzenkandidaten nicht so ganz in den Kopf. Er ist nicht der Mann für Klamauk. Vor allem nicht, wenn es Klamauk für die Kamera oder fürs Mikrofon ist.

«Herr Trittin», sagt der Mann von der Brauerei, die wir besichtigen. «Wir hätten uns gedacht, dass wir jetzt gemeinsam ein paar Pfandflaschen sortieren.» Jürgen Trittin steht da wie ein Baum, die Arme vor der Brust verschränkt, und rührt sich nicht. Der Mann von der Brauerei schaut hilflos. «Aber», flüstert er, damit es die Lokalpresse nicht hört, «das hatte doch Ihr Mitarbeiter vorgeschlagen ...»

«Herr Trittin», sagt der Mann vom Naturschutzgebiet. «Jetzt bauen wir mal ein paar Weidenrutenpavillons!» Und blickt in ein Gesicht, das freundlich sagt: «Einen Scheiß.» Erst als Jürgen eine Gruppe Teenager in gleichfarbigen T-Shirts der BUND-Jugend vor sich stehen hat, die Arme voller liebevoll vorgeschnittener Weidenruten und die Augen voller Vorfreude, wird sein Gesicht wieder weich, und er krempelt sich die Ärmel hoch.

Es ist wirklich nicht so, dass Jürgen Trittin Menschen nicht mag. Oder Kameras. Oder körperliche Arbeit. Oder, Gott behüte, Weidenrutenpavillons. Aber Menschen sind da, damit man sich mit ihnen unterhält, und Kameras sind dazu da, dass man vor ihnen wichtige Fragen der Menschheit diskutiert. Ihr Zweck ist nicht, dass man sich für sie dem Wahlvolk anbiedert, indem man mal kurz unglaubwürdig Handwerker oder Arbeiter spielt.

Im Radiostudio reicht die Praktikantin Jürgen als letzten Gegenstand eine Schwimmweste. Das ist wahrscheinlich witzig gemeint, weil er wenige Tage vorher in einen Fluss gefallen ist, nachdem ihn der Kreisverband in ein Kanu gesetzt hatte. Jürgen Trittin verzieht keine Miene. «Das ist eine Schwimmweste. Die würde ich allen Leuten empfehlen, die Kanu fahren.»

Wahlkampf ist ein bisschen wie die Olympischen Spiele für die Politik. Ach Quatsch: Wahlkampf ist genauso wie die Olympischen Spiele für Politik. Alle vier Jahre können Politiker, die sonst nur in der Opposition von weit hinten doof reinrufen konnten, zeigen, was sie draufhaben. Vier Jahre lang bereitet man sich vor. Stellt sein Team auf, trainiert das Team. Lässt den Champion Treppen rauf und runter laufen, Rinderhälften hauen und rohe Eier trinken. Oder wenigstens weniger fett essen und mit dem Rauchen aufhören. Auf jeden Fall ist Wahlkampf das Großereignis, auf das PR-Abteilungen, Agenturen und das politische Spitzenpersonal immerzu hinarbeiten. Es ist die Zeit, auf die es ankommt. Dabei ist es egal, wie gut du im Training warst, ob du vier Jahre lang beim Wähler beliebt warst, gute Regierungsarbeit abgeliefert und auch sonst alles, wirklich absolut alles richtig gemacht hast. Im Wahlkampf kann dich ein kleiner Fehler aus der Kurve hauen und mit dem Po voraus gegen die Bande schleudern – und alle Träume sind dahin. Die wichtigsten Disziplinen sind im Übrigen: Radfahren, Bratwurst-Wettessen und Winken im gemischten Doppel. Interviews-Geben, Zehn-Punkte-Pläne-Vorstellen und die Königsdisziplin: Reden-Halten.

Die einzelnen Schritte des Wahlkampfs sehen für eine Partei ungefähr so aus:

1. Spitzenkandidaten/in finden

Nichts ist schwerer, als eine Spitzenkandidatin oder einen Spitzenkandidaten zu finden, ohne dass irgendwas kaputtgeht. Jede Partei macht das anders und auch nicht in jedem Wahlkampf gleich, aber es haben sich folgende Modelle herausgebildet:

Das Trägheitsgesetz: Wenn die Partei schon den Kanzler, die Kanzlerin stellt, ist das Problem gelöst. Bis jetzt wurde ein amtierender Kanzler noch nie von einem anderen Politiker als Kanzlerkandidat abgelöst.

- Vorteil: Hat schon mal funktioniert.
- Nachteil: Es wird ein bisschen schwieriger mit der «Wir wollen alles neu und anders machen»-Botschaft.

Die Urwahl: Das zweifellos demokratischste Mittel, um eine Spitzenkandidatin zu wählen, ist die Urwahl, bei der alle Parteimitglieder abstimmen dürfen.

- Vorteil: Viele schöne Porträts in den Medien und Berichte, wie basisdemokratisch man ist.
- Nachteile: Entweder alle Spitzenkandidatskandidaten sind total nett zueinander, dann ist es langweilig. Oder sie machen wirklich Wahlkampf gegeneinander, dann war's das mit dem so wichtigen «Signal der Geschlossenheit». Und zum Schluss hat man einen Spitzenkandidaten, der eigentlich erst einmal Urlaub bräuchte.

Das «Hinterzimmer-Geschachere»: Besonders die großen Parteien wollen lieber Einigkeit, Geschlossenheit, Harmonie demonstrieren, statt sich öffentlich zu streiten, wer der bessere Spitzenkandidat wäre. Deswegen einigt sich die Führungsspitze erst einmal intern und präsentiert dann dem Parteitag auch nur einen Kandidaten zur Abstimmung.

- Vorteil: Man spart sich Streit. Und Zeit. Und Geld. Zu viel Basisdemokratie ist auch nicht gut.
- Nachteil: Hinter geschlossenen Türen vermutet man Gekungel, Intrigen, eitle Egotrips, russisches Roulette oder Schnick-Schnack-Schnuck.

Die «Badass-Methode» aka «Der Gabriel»: Wohl das absurdeste Kapitel im großen Almanach der Kanzlerkandidaturen geht so: An einem Dienstagnachmittag im Januar 2017 rauschte die Nachricht, dass Sigmar Gabriel nicht Kanzlerkandidat werden will und statt seiner Martin Schulz vorschlagen werde, durch das politische Berlin wie Testosteron durch einen Vierzehnjährigen. Alle rannten panisch durch alle Gänge, die es in Berlin-Mitte so gibt, Journalisten durch die Redaktionen, Abgeordnete durch den Bundestag, Parteimitarbeiterinnen durch die Parteizentrale. Alle schrien «Waaaas¿!¿» in ihre Diensthandys. Erstens hatte die *Bild*-Zeitung einige Tage zuvor auf ihrer Titelseite verkündet: «Er macht's» (also Gabriel, die Kanzlerkandidatur). Zweitens wussten selbst die bekanntesten SPD-Politiker noch nichts davon. Jetzt konnten sie nichts weiter tun, als das Dumm-aus-der-Wäsche-Gucken zur Strategie zu erklären und Schulz zum Kanzlerkandidaten zu machen.

- Vorteil: Mehr Aufmerksamkeit geht nicht.
- Nachteil: Der, der das Chaos angerichtet hat, räumt natürlich nicht hinter sich auf.

«Spitzenkandidat¿ Welcher Spitzenkandidat¿»: Kleine Parteien brauchen keinen Kanzlerkandidaten, stellen aber trotzdem Spitzenkandidatinnen auf, weil der Wähler oft zu faul ist, um das ganze Wahlprogramm durchzulesen, und lieber ins Fernsehen schaut und sagt: «Die da! Die ist doch sympathisch. Die würde ich wählen.» Doch aus Angst, dass man sich über der Kandidatenkür zerlegen könnte, wegen der Frauenquote und der antiautoritären Parteibasis, entscheiden sich manche Parteien für zwei («Spitzenduo»), drei («Troika»), vier («Ponygespann») oder fünf Spitzenkandidaten («Pentagramm des Grauens»).

- Vorteile: Man kann zwei- bis fünfmal so viele Interviews geben.
- Nachteil: Wenn die Ponys in verschiedene Richtungen laufen, landet der Wagen irgendwann im Dorfweiher.

2. Wahlkampfagentur finden

Die Wahlkampfagentur schmeißt nicht den ganzen Wahlkampf, aber verdammt viel von dem, was man als Wähler davon sieht: Sie entwickelt zum Beispiel Plakate und Werbespots, sprich, die sogenannte Kampagne. Für die Partei geht das alles so: Coole Kampagnenagentur finden. Coole Kampagnenagentur mehrere coole Kampagnen entwickeln lassen. Alle, die in der Partei was zu sagen haben, und alle anderen an einen Tisch setzen. Coole Kampagnenagentur ihre coolen Kampagnenideen präsentieren lassen. Diskutieren. Bedenken haben. Diskutieren. Sich auf die langweiligste der coolen Kampagnen einigen.

Weiter diskutieren. Fokusgruppen diskutieren lassen. Alles, was die Fokusgruppen, Mitarbeiter und Landesvorsitzenden zu radikal, zu provokativ, zu laut, zu bunt, zu unverständlich finden, abschleifen. Noch mehr abschleifen. Nochmal drüber diskutieren. Abstimmen. Der coolen Kampagnenagentur die Änderungswünsche mitteilen. Am besten persönlich und im Sitzen und mit ganz vielen Taschentüchern. Während der finalen Präsentation der traurigen coolen Kampagnenagentur nochmal alles vom Spitzenkandidaten in Frage stellen lassen. Sich auf eine fröhliche fahrradfahrende Mutter-Vater-Kind-Familie als Motiv einigen. Erschöpft nach Hause gehen. Sich, wenn die Plakate hängen, beschweren, dass die Kampagne so langweilig ist.

3. Wahlprogramm beschließen

Parteien wissen: Das Wahlprogramm liest kein Mensch. Der Wähler findet es öde und trocken, es ist immer länger, als man wollte, und sprachlich eher ein bisschen hässlich. Man muss es trotzdem schreiben: für die Journalistinnen, die das alles von Berufs wegen lesen müssen, für den Wahl-O-Mat und für die Koalitionsverhandlungen hinterher. Die Parteibasis möchte es möglichst konkret, weil jeder sein Lieblingsthema im Programm wiederfinden möchte, die Parteiführung möchte es möglichst unkonkret, damit sich hinterher nicht alle öffentlich in den Haaren liegen.

4. Plakate kleben

Es gibt einen gesetzlich geregelten Zeitpunkt, ab dem man Wahlkampfplakate aufhängen darf. Spätestens dann merken auch alle anderen im Land, dass Wahlkampf ist. Und die Online-Medien freuen sich auf die Bildergalerien mit den peinlichsten Plakatmotiven. Es ist nicht so, dass die professionellen Wahlkampfexperten in der Hauptstadt nicht alles tun, um ihre Wahlkämpfer auf dem Land mit einer schönen, durchdachten, konsistenten Kampagne zu versorgen. Mit einem schicken «Corporate Design» für ihre Wahlplakate. Alles. Und trotzdem nehmen die Direktkandidatinnen und -kandidaten dann ein Foto, das ein Passbildautomat am Stadtbahnhof besser hinbekommen hätte, und setzen ein Wortspiel mit ihrem Namen drunter («Amerika first? Ilsen Förster!»). Auch das ist Demokratie.

5. Dinge in Fußgängerzonen verteilen

Mein Lieblings-Giveaway: «Hätte, hätte, Fahrradkette» war so ein bisschen der inoffizielle Slogan der SPD im Wahlkampf 2013. Geprägt hat ihn Kanzlerkandidat Peer Steinbrück, und zwar als Antwort auf die Frage: Hätte eine einfache Recherche nicht feststellen können, dass Ihr Wahlkampfslogan («Das Wir entscheidet») schon von jemand anderem verwendet wird? Einer Zeitarbeitsfirma zum Beispiel? Und weil das Wahlkampfteam der SPD tatsächlich nicht so blöd war, wie man ihm in all der Häme um den Slogan gerne unterstellte, entwarf es aus Trotz einen Flaschenöffner aus einer Fahrradkette.

Blödestes Giveaway: Mein persönlicher Favorit in dieser Kategorie war vor einigen Jahren ein Bleistift mit Doppelspitze. Super Wortspiel-Illustration, dafür aber Löcher im Handtaschenfutter, ständig Bleistiftmine an den Händen und nur knapp am Verlust eines Auges vorbeigeschrammt.

Langweiligstes Giveaway: Kondome. Mit Abstand. Finden nur noch Menschen über siebzig crazy. Und die austauschbaren Kalauer erst: «Lieber vor der Wahl stöhnen» (Grüne in Österreich), «Come together» (FDP), «Du entscheidest, wer reinkommt» (SP Schweiz), «Im September kommt der Höhepunkt» (SPD).

Marc Müller
Jetzt gilt's!

6. Auf Wahlkampftour gehen

Wahlkampf ist draußen. Wahlkampf ist früh. Wahlkampf ist spät. Wahlkampf ist Gemüse hacken, Seehundebabys füttern (nicht mit Gemüse), sich von betrunkenen Nichtwählern bespucken lassen, potentiellen Wählern Broschüren in die Hand drücken, sich beim Imker-Besuch von einer Biene stechen lassen gegen Rheuma und verspannten Nacken. Wahlkampf ist sich von Journalisten begleiten lassen, die auch mitbekommen, wenn man in Hundekacke tritt oder wegen Hunger schlechte Laune hat oder vergisst, in welcher Stadt man gerade ist. Wahlkampf ist, dieselbe Rede 200 Mal zu halten und sich trotzdem in Rage zu reden. Wahlkampf ist so viele Dinge, dass man abends zu aufgedreht zum Einschlafen ist und morgens zu müde zum Aufstehen.

7. Talkshows

In jedem Bundestagswahlkampf, wenn die Fernsehsender groß Werbung für *Das Kanzlerduell* machen, ballen die kleinen Parteien in ihren kleinen Parteizentralen ihre kleinen Fäustchen und piepsen «Gemein!». Bei *ARD*, *ZDF* und *RTL* hört dann ein Chefredakteur kurz auf, in seinem Ledersessel zu wippen, und fragt die Sekretärin: «Hat da gerade was gepiepst?» Die Sekretärin zuckt mit den Schultern. «Vielleicht sollten Sie nicht so viel mit dem Bürosessel wippen.»

In Deutschland stehen keine Kanzler zur Wahl, sondern Parteien. Deswegen sind die kleinen Parteien regelmäßig sauer, dass DAS Fernsehereignis des Wahlkampfes nur unter CDU und SPD ausgetragen wird. Insgesamt kann sich der Fernsehzuschauer in Deutschland aber nicht beklagen, von irgendeinem Kandidaten zu wenig zu sehen.

31 Gartenzwerge und Snoop

Eine Verteidigung von Kleinparteien

Kleinparteien sind für den Wahlkampf das, was die Quietschekandidaten mit schlecht blondierten Haaren und Federboa um den Hals, die schamlos Balladen von Mariah Carey oder Adele zur Unkenntlichkeit zerbeulen, für *Deutschland sucht den Superstar* sind. Sie sind das Salz, der Koriander und das Sriracha in der Suppe. Ohne sie wäre der Wahlkampf nur halb so schön.

Die kuriosesten deutschen Kleinparteien:

Die Urbane – Eine Hip Hop Partei. Da hofft man auf Spitzenkandidaten mit Masken (Panda, Totenkopf, egal) und Vorstrafen. Fuffis im Club statt Kinderfreigeldbetrag. Eigentlich hofft man auf Snoop Dogg als Kanzlerkandidaten. Und dann bekommt man ein Wahlprogramm, das sich noch nicht einmal reimt. Mit Forderungen wie «Dekolonialisierung des öffentlichen Lebens und Verkehrs» oder «Diskriminierungskritische Ansätze im Allgemeinen und rassismuskritische Analyse im Speziellen als Querschnittsthema in allen Bereichen der politischen und gesellschaftlichen Gestaltung einbringen». Ziemlich *woke*. Klingt aber eher nach Soziologie-Fachschafts-Newsletter als nach Battle-Rap in der Tiefgarage. Schade.

Die Magdeburger Gartenpartei. Trat zur Bundestagswahl 2017 an. Schrebergärten stehen in ihrem Parteiprogramm an allererster Stelle, vor dem Kampf gegen die globale Erwärmung und sozialer Gerechtigkeit. Man kann sich ja denken, was dann als Nächstes kommen wird: Verfassungsrang für die Gartenordnung. Wahlrecht für Gartenzwerge. Bundeswehreinsatz zur Bekämpfung der Wildschweininvasion.

Partei für Veränderung, Vegetarier und Veganer (kurz V-Partei). Bei der Bundestagswahl erhielt sie 0,1 % der Stimmen. Ihre zentrale Idee: Bis 2030 sollen in Deutschland nur noch bio-vegane Lebensmittel angebaut werden. Muahaha! Liebe Deutsche, ihr werdet euch den Veggie-Day noch zurückwünschen! Muahaha! MuaHAHAHA! (Bond-Bösewicht, ein Tofuwürstchen streichelnd.)

Achtsame Demokraten. Bis jetzt leider nur im schönen Mecklenburg-Vorpommern wählbar. Haben ihr Wahlprogramm eins zu eins vom Ständer mit den inspirierenden Postkarten in der ökumenischen Buchhandlung abgeschrieben. Kostprobe? «Tradition ist nicht die Anbetung der Asche, sondern die Weitergabe des Feuers, das nie dasselbe bleibt.» «Sicherheit und Freiheit gehören zusammen. Die eine ist ohne die andere nichts wert.» «Wer etwas verhindern will, sucht Gründe; wer etwas ermöglichen will, sucht Wege.»

Deutsche Zentrumspartei. Nanu, im Politikunterricht hieß es doch, dass die Zentrumspartei indirekt von der CDU beerbt wurde. Tatsächlich hat sich in der CDU nach 1945 so ziemlich alles aus der politischen, christlichen, konservativen Mitte gesammelt, so dass die eigentliche Zentrumspartei nur noch mit einer Handvoll Mitgliedern und Wählern dastand. Seitdem hat man ihre Weiterexistenz schlicht vergessen. Die Zentrumspartei tröstet sich mit der Selbstbezeichnung «Älteste Partei Deutschlands» (eigentlich müsste es heißen: «Partei, die ihren Namen am längsten beibehalten hat») und «Einzige Pro Life Partei Deutschlands».

Die Violetten. Die Partei für spirituelle Menschen. Vom Buddhisten bis zum Rosenquarz streichelnden Anthroposophen. Bildungsziel ist unter anderem «die Steigerung der Sensibilität und des Gewahrseinsvermögens». Die Violetten sind der Meinung, dass «Krankheiten nicht zufällig entstehen». Eine Krankheit ist vielmehr «ein Zeichen oder ein Reinigungsprozess und dient der Entwicklung des Menschen». Ah ja. Steuern kann man, wenn es nach den Violetten geht, bestimmt auch statt mit Geld mit positiver Energie bezahlen.

Bayernpartei. Nein, nicht die CSU. Die andere. Sie will einen Volksentscheid über den Verbleib Bayerns in der Bundesrepublik durchführen und hat ziemlich konkrete Vorstellungen, wie der bayerische Staat dann aussehen soll (von der Währung bis

zum Staatsoberhaupt). Im Vergleich zu anderen Separatistenbewegungen wie denen in Spanien scheitert die Revolution aber schon an der bayerischen Gemütlichkeit.

Bei all dem Spaß, den uns Kleinparteien machen, indem sie Slogans in der Schriftart Comic Sans auf Wahlplakate drucken und in ihren verwackelten Wahlkampf-TV-Spots nervös erhobene Daumen in die Kamera strecken oder etwas vom nahenden Weltuntergang brummeln, während links Clipart aus den Neunzigern ins Bild wirbelt – bei all dem Spaß also sollte man nicht vergessen: Kleinparteien gehören zu unserer Demokratie dazu.

Ja, klar, es gibt auch Parteien, die nie Kleinpartei waren. Oder bei denen das zumindest so unglaublich lange her ist, dass sich auch unsere Uropas nicht mehr daran erinnern können. Die SPD, die CDU und die FDP konnten in der neugegründeten Bundesrepublik als mehr oder weniger erwachsene «Großparteien» mit Hut und Krawatte aus dem Schoß der jungfräulichen Demokratie springen, was vor allem daran lag, dass es sie vor dem Dritten Reich schon in ähnlicher Form gegeben hatte. (Die SPD hatte sogar die Zeit des Nationalsozialismus im Untergrund und im Exil überlebt.)

Der ganze Rest jedoch musste nach 1945 erst mal als Kleinpartei anfangen und sich mühsam hocharbeiten. Die Grünen, Die Linke (zumindest der Teil, der aus der WASG entstand), die AfD und die Piratenpartei waren alle mal Kleinparteien, aber haben oder hatten auf die deutsche Politik entscheidenden Einfluss. In Ländern mit Mehrheitswahlrecht wie Großbritannien oder den USA haben neue kleine Parteien hingegen so gut wie keine Chance, jemals eine große Rolle zu spielen. Die Wähler haben de facto nur die Wahl, ob sie die eine oder die andere etablierte Volkspartei an der Macht haben wollen, was regelmäßig für schlechte Stimmung sorgt.

Auch wenn es also hin und wieder Spaß macht, sich über Kleinparteien lustig zu machen, sollten wir einmal voller Respekt und Bewunderung zur Kenntnis nehmen, dass es Menschen gibt, die ihren Frust über die existierenden Parteien nicht einfach durch Nölen und Nicht-Wählen ausdrücken. Es gibt Menschen, die sagen: Wir haben da eine bessere Idee (egal, wie abstrus die klingt) und wir stellen uns bei Regen in die Fußgängerzone und lassen uns auslachen, und das, obwohl wir wissen, dass wir keine wirklich große Chance haben, in den Bundestag einzuziehen. Und mit viel Geduld und harter Arbeit wird dann gelegentlich eine von diesen Parteien sogar Regierungspartei oder Oppositionsführerin. Bäm.

32 Hände weg vom Sekt!!

Dokumentation eines ganz echten Wahlsonntags

Spitzenkandidatin:
06:14 Uhr Spitzenkandidatin: Guten Morgen! Tut mir leid. Muss den Wecker nicht gehört haben, bin jedenfalls erst jetzt aufgewacht. Kannst du mir sagen, was heute der erste Termin ist? Und bevor ich es vergesse, könnt ihr das nächste Mal für diese Stadt bitte ein anderes Hotel buchen? Das Zimmer hier ist so was von scheußlich eingerichtet, da bekommt man ja Depressionen.
06:17 Uhr Büroleiter: *schreibt…*
06:17 Uhr Spitzenkandidatin: Ich habe gestern noch ein paar Änderungen an der Rede gemacht, vielleicht können wir die beim Frühstück gleich noch einarbeiten.

06:17 Uhr Büroleiter: *schreibt …*
06:18 Uhr Spitzenkandidatin: Wir sollten auch nochmal mit dem Landesverband NRW reden, ob wir nicht deren Integrationsplan besser verkaufen können …
06:18 Uhr Büroleiter: Schau doch mal neben dich ins Bett.
06:18 Uhr Spitzenkandidatin: ¿!¿
06:19 Uhr Büroleiter: Mach einfach.
06:19 Uhr Spitzenkandidatin: Oh Gott. Da liegt jemand.
06:19 Uhr Büroleiter: Das ist dein Mann.
06:20 Uhr Büroleiter: Du bist zuhause. Es ist Wahlsonntag. Schlaf weiter!
06:20 Uhr Spitzenkandidatin: *schreibt …*
06:21 Uhr Büroleiter: Schlaf einfach weiter!
06:24 Uhr Spitzenkandidatin: Aber wann muss ich denn zum Fototermin ins Wahllokal¿
06:30 Uhr Büroleiter: Du hast doch dieses Jahr bei der Briefwahlkampagne mitgemacht.
06:31 Uhr Spitzenkandidatin: Ja.
06:34 Uhr Büroleiter: Da hast du schon gewählt. Zweimal geht nicht. Schlaf weiter!
06:34 Uhr Spitzenkandidatin: :-(

Erstwählerin:
Miri hat dich zu der Gruppe «Bundestagswahl-Brunch und Party!» hinzugefügt.
10:00 Uhr Miri: Hallo Leute! Meine allererste Wahl! So aufgeregt! Ich dachte, wir könnten heute alle gemeinsam gemütlich brunchen und dann zusammen zum Wahllokal und da mit allen anderen weiter feiern¿ P. S.: Was zieht ihr an¿ Ich dachte an das rote Kleid mit den Punkten, oder ist das nicht schick genug¿ Ich bin so aufgeregt!
10:15 Uhr Manuel hat die Gruppe verlassen.

11:30 Uhr Nicola hat die Gruppe verlassen.
11:51 Uhr Liane: Ich würde total gerne kommen, aber wir waren gestern bei Ikea.
11:51 Uhr Liane hat die Gruppe verlassen.

Mitarbeiter:
15:40 Uhr A an B: Haben Sie schon Zahlen?
15:43 Uhr B an C: Sag mal, wann gibt es erste Zahlen?
15:48 Uhr C an D: Wollen wir uns vielleicht über vorläufige Zahlen austauschen?
15:55 Uhr D an E: Sie haben doch bestimmt schon erste Prognosen von den Umfrageinstituten.
16:10 Uhr E an A: Habt ihr schon was gehört?

Erstwählerin:
16:30 Uhr Miri: Kann mir jemand nochmal die Adresse fürs Wahllokal schicken? Ich finde das nicht. Ich stehe hier irgendwie vor so ner Feuerwehrwache und ich sehe keine Ballons und höre keine Musik und ich rieche keine Würstchen. Und keiner läuft mit einem «Ich habe gewählt!»-Button rum.
16:45 Uhr Miri: Gefunden. Komm mir vor wie im Horrorfilm.
16:50 Uhr Miri: Ich korrigiere: Sie haben es im Wahllokal doch ganz hübsch dekoriert, in Linoleumgrau, Recyclingpapierbeige und Wellpappenbraun. Richtig nett.
16:55 Uhr Miri: Wahlurne trifft die Tonalität ganz gut. Wenn das lebendige Demokratie sein soll, möchte ich nicht wissen, wie tote aussieht.

Pressesprecher:
17:40 Uhr an Gruppe Wahlabend-Orga: Wenn ich auf der Wahlparty noch einen einzigen Mitarbeiter vor 18:00 Uhr mit einem Glas Sekt herumlaufen sehe, kündige ich!!!!

17:50 Uhr an Gruppe Wahlabend-Orga: Und bitte, ganz wichtig: Wahl‹party› nur für den internen Gebrauch. Wir sind ja nicht zum Vergnügen hier.
17:55 Uhr an Gruppe Wahlabend-Orga: Das 40-seitige Briefing für die Kommentierung aller möglichen Wahlausgänge habt ihr ja alle erhalten (bitte beachtet auch die neue Ergänzung, Szenario 114b: Falls wir über 12 Prozent kommen, aber hinter der FDP liegen und die SPD unter 25 Prozent kommt, die CDU verliert, aber besser als in den Umfragen dasteht …)

Bullshit-Bingo Wahlabend

«Vor allem möchte ich mich bei all den Wahlkämpfern da draußen bedanken! Das ist euer Sieg!»	«Das ist ein klares Ergebnis und ein klarer Wählerauftrag!»	«Ich will ehrlich sein: Wir haben uns mehr erhofft!»
«Wir haben die Menschen mit unserem Programm nicht überzeugen können.»	«Es gab einfach keine Wechselstimmung.»	«Wir brauchen jetzt keine einseitigen Schuldzuweisungen, sondern wollen das Ergebnis kritisch aufarbeiten.»
«Wir reden heute Abend nicht über Rücktritte.»	«Wir werden gegenüber Sondierungsgesprächen natürlich offen sein. Das gehört zur demokratischen Verantwortung.»	«Zuerst einmal möchte ich dem Wahlsieger gratulieren!»

33 Der Hund hat meine Wahlunterlagen gefressen

Warum Nicht-Wählen auch keine Lösung ist

«Oh, das ist aber schön! Was ist das denn?», fragt mich die Dame, dir mir vor einer halben Stunde ein Blatt Papier und ein paar Buntstifte hingelegt hat. Ich bin vier, und meine Mutter hat mich zu ihrem Bewerbungsgespräch für eine Erzieherinnenstelle in einer evangelischen Familienbildungsstätte mitgenommen.

«Das ist ein Atomkraftwerk!», verkünde ich stolz. Meine Mutter läuft rot an. Sie wurde gerade als Hippiedippie-Anti-Atom-Öko-Revoluzzerin enttarnt, die ihre Kinder mit nuklearen Armageddonszenarien indoktriniert. Das war's dann wohl mit dem Job, dachte sie.

Man kann sagen, ich war früh politisiert. Meine Eltern sind nicht nur auf Demos gegen Müllverbrennungsanlagen gegangen und haben uns zu Lichterketten mitgenommen, als in den Neunzigerjahren Flüchtlingsheime und Wohnungen von Arbeitsmigranten brannten. Sie haben auch Wahltage wie Feiertage behandelt, an denen man sich ordentlich anzieht und gemeinsam zur alten Feuerwehr läuft wie zum Weihnachtsgottesdienst. Seitdem gibt es an einer Sache für mich nichts zu rütteln: dass man wählen geht. Es gibt überhaupt keine guten Ausreden fürs Nicht-Wählen. Ich will versuchen, das hier mal kurz übersichtlich darzustellen:

Nichtwähler-Entscheidungshilfe

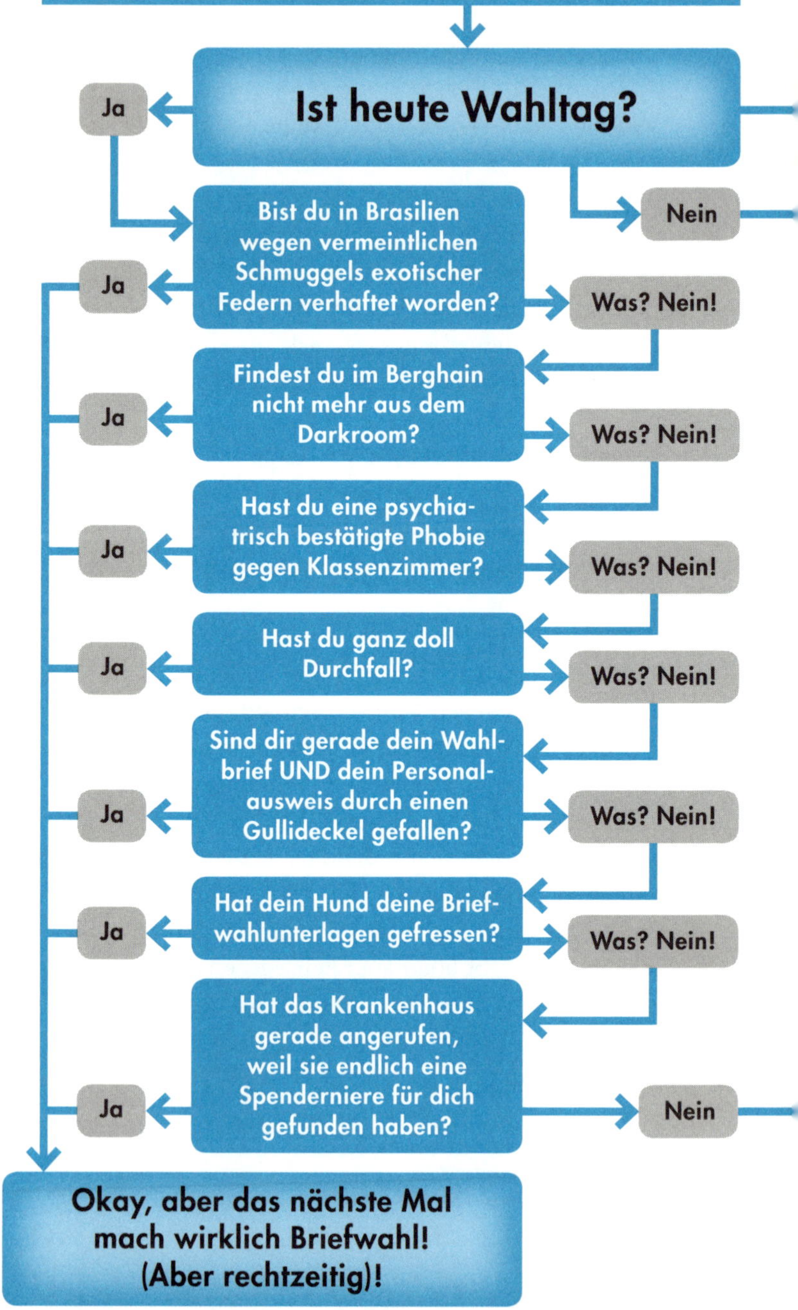

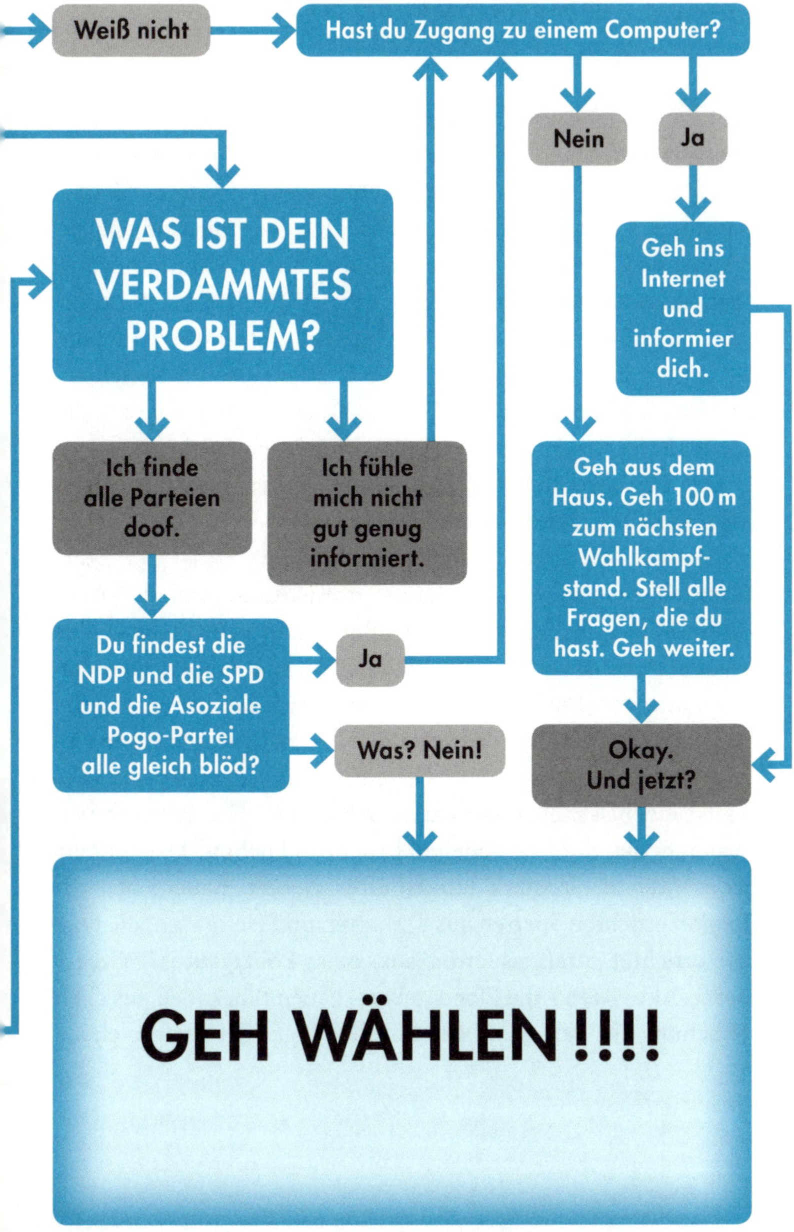
Weiß nicht
Hast du Zugang zu einem Computer?
Nein
Ja
WAS IST DEIN VERDAMMTES PROBLEM?
Geh ins Internet und informier dich.
Ich finde alle Parteien doof.
Ich fühle mich nicht gut genug informiert.
Geh aus dem Haus. Geh 100 m zum nächsten Wahlkampfstand. Stell alle Fragen, die du hast. Geh weiter.
Du findest die NDP und die SPD und die Asoziale Pogo-Partei alle gleich blöd?
Ja
Was? Nein!
Okay. Und jetzt?
GEH WÄHLEN !!!!

34 Und wieso liegt hier eigentlich Stroh?

Die Mitarbeiter und der Matsch

Hektisch mache ich eine Kerze auf dem Sitz des Busses. Meine Oberarme drücken sich von der Sitzfläche ab, während mein Kopf zwischen Sitzfläche und Lehne klemmt. Meine Waden stemmen sich gegen die Lehne des Sitzes vor mir, und ich versuche, die Hose möglichst schnell über meine Strumpfhose zu ziehen und dabei gleichzeitig den Bleistiftrock, den ich immer noch anhabe, möglichst viel von meiner Unterhose verdecken zu lassen. Es wäre einfacher gewesen, die Hose im Stehen anzuziehen. Aber was für die Politik gilt, gilt auch in einem halbleeren Reisebus: Hinterher ist man immer schlauer.

Der Busfahrer, der uns Mitarbeiter und ein paar Delegierte vom Parteitag direkt nach Gorleben kutschieren sollte, weigert sich, auch nur einen Meter weiterzufahren. Es ist der letzte Castor-Transport und der letzte große Aufmarsch der Anti-Atom-Bewegung, nachdem die Bundesregierung bereits den Ausstieg aus der Atomkraft beschlossen hat. Die Grünen machen auch nochmal bei den Protesten mit. Sie haben mit der Regierung gestimmt, obwohl sie den Atomausstieg ja schon einmal beschlossen hatten, als sie selbst an der Regierung waren. Es ist ein bisschen kompliziert. Aber egal. Die Proteste verwandeln den dünn besiedelten Landkreis Lüchow-Dannenberg jedes Mal in ein stark umkämpftes Gebiet. Bauern aus der Region errichten Sperren aus Traktoren und Heuballen, die Polizei errichtet Straßensperren aus, naja, Polizeiautos?, Greenpeace-Aktivisten – die Oberstreber – bauen Blockaden aus einer Mischung aus Beton und einem achtstufigen Strategiespiel, andere Aktivisten betonieren sich gleich ins Gleisbett ein, und für den Rest gibt es Strohsäcke und Musik. Offensichtlich alles etwas zu subversiv für den Busfahrer. Er gibt uns ein paar Minuten, um aus dem Bus zu steigen. Es ist November, es ist kalt, und ich bin im Konferenzdress in den Bus gestiegen im Glauben, man checkt erst mal gemütlich in ein Hotel ein.

Wir sehen hilflos zu, wie sich die Türen des Busses mit einem eiligen Zischen schließen und der Fahrer die Allee zurück Richtung Hannover rast. Mit unseren Rollkoffern und den schicken Schuhen stehen wir im niedersächsischen Nirgendwo und hoffen, wir kommen zu Fuß durch. Immerhin trage ich mittlerweile meine Hose über der Strumpfhose. Es wird langsam dunkel. Bis zu unserem Hotel sind es noch einige Kilometer. Es dauert keine fünfzehn Minuten, da hat unser kleiner Tross aus einem Dutzend Menschen schon die erste Polizeisperre erreicht. «Hier geht es nicht weiter», sagt ein Beamter. «Sie müssen umdrehen.»

Eigentlich bin ich ganz froh, für eine kleine Partei zu arbeiten. Bei uns behebt der Abteilungsleiter den Papierstau an einem der drei (!) Kopierer im Haus noch selbst! Ein Kollege kam hingegen einmal sichtlich neidisch von einem Treffen im Willy-Brandt-Haus zurück: «Die SPD hat eine eigene Abteilung nur für die Veranstaltungsplanung! Eine EIGENE Abteilung!» Bei uns besteht das Team für die Veranstaltungsorganisation aus der organisatorischen Geschäftsführerin selbst, unserem stoffeligen, auch im Winter kurze Hosen tragenden Hausmeister und einem ehemaligen Schlagzeuger, der von der Riesen-LED-Leinwand bis zur Mehrfachsteckdose alles hat, was man auf einem Parteitag so an Technik braucht. Umgekehrt bedeutet das, dass alle immer überall dabei sein können. Aber an diesem Abend wünsche ich mir, ich hätte nach drei Tagen Parteitag mit insgesamt neun Stunden Schlaf und gelaufenen Kilometern von gefühlt neun Marathons nicht auch noch «Hier!» geschrien, als es hieß: «Wer macht denn die Pressearbeit in Gorleben?»

Ich bin müde. Mein Magen hat die letzten drei Tage nur Pommes und Gummibärchen bekommen. Wo sollen wir denn hin? Um uns herum sind nur Felder. Es ist dunkel, und die Polizei lässt uns nicht durch. «Guten Abend!» Eine zierliche Frau kämpft sich vom hinteren Teil unserer Gruppe nach vorne zu den Beamten: «Ich bin Abgeordnete des Deutschen Bundestages. Hier ist mein Ausweis. Ich würde mir hier gerne selbst ein Bild von der Lage machen. Und das hier sind meine Mitarbeiter, die ich dazu brauche.» Der Polizist stutzt kurz. Aber die Abgeordnete sieht nicht so aus, als hätte sie in ihrer Reisetasche genügend Platz für Betonklötze. Wir dürfen also passieren. Die Straße hinter der Straßensperre ist – man hätte es ahnen können – vollkommen leer. Wir laufen an Bauern und Traktoren auf Feldern vorbei, immer weiter die Landstraße entlang. Plötzlich sehen wir die beleuchteten Fenster eines griechischen Restaurants. Wir laufen darauf zu wie Maria, Josef und der Esel zum Stall in Bethlehem. Drinnen stehen wir in einem leeren Gastraum. Ich nehme alles außer Pommes. Meine Lieblingskollegin aus der Pressestelle ruft an, die mit Claudia Roth schon im Auto vorgefahren ist. «Wo seid ihr denn? Wir holen euch ab!» Pommes oder Pizza könnten sie uns warm machen, sagt die Frau, die aus der Küche geeilt kommt. Pommes klingt super.

Als ich angefangen habe, in der Politik zu arbeiten, hätte ich nicht gedacht, dass ich so viele Stunden meiner Arbeitszeit damit beschäftigt sein würde, irgendwo im Matsch herumzustehen. Ich hatte all den Menschen geglaubt, die aus den «inneren Zirkeln der Macht» berichten, und all die Serien gesehen, in denen ständig in Ledersesseln mit teuren Zigarren die jüngste Polit-Intrige gefeiert wird. In Wahrheit sind selbst Parteistrategen oft damit beschäftigt, eine volle Stadthalle nach jemandem abzusuchen, der der Chefin auf der Bühne einen Pfefferminztee besorgt, weil man sie vor lauter Heiserkeit schon nicht mehr hört. Oder man sitzt irgendwo in Niedersachsen im November plötzlich auf der Straße auf einem selbstgebastelten Sack Stroh. In der Politik zu arbeiten ist ganz anders, als ich es mir vorgestellt hatte. Viel schlimmer. Aber auch viel spannender und lustiger. Aber das erzähl ich meinem Mitbewohner Jakob nicht.

Humor in C.H.Beck Paperback

Alec Baldwin, Kurt Andersen
Meine fantastische Präsidentschaft
Die echte (NO FAKE!) Wahrheit über mich: Donald J. Trump
Aus dem amerikanischen Englisch übersetzt von Stephan Kleiner
2019. 223 Seiten mit 31 Abbildungen. Klappenbroschur
Beck Paperback Band 6340

Adam Fletcher
Wie man Deutscher wird in 50 einfachen Schritten / How to be German in 50 easy steps
Eine Anleitung von Apfelsaftschorle bis Tschüss /
A guide from Apfelsaftschorle to Tschüss
Zweisprachiges Wendebuch Deutsch/Englisch
Mit 50 Illustrationen von Robert M. Schöne
Aus dem Englischen von Ingo Herzke
14. Auflage. 2019. 144 Seiten. Broschiert
Beck Paperback Band 6103

Adam Fletcher
So sorry
Ein Brite erklärt sein komisches Land
Mit Illustrationen von Robert M. Schöne
Aus dem Englischen von Ingo Herzke
2. Auflage. 2018. 208 Seiten mit 39 Abbildungen. Broschiert
Beck Paperback Band 6298

Rory Scarfe
Royally Incorrect
Die besten Sprüche von Philip, Prinz Fettnapf
Mit einem Vorwort von Peter Littger
Aus dem Englischen von Christoph Bausum
2. Auflage. 2018. 127 Seiten mit 26 Abbildungen. Broschiert
Beck Paperback Band 6314

Politik bei C.H.Beck

Bastian Berbner

180 Grad

Geschichten gegen den Hass
2019. 208 Seiten mit 1 Abbildung. Klappenbroschur
Beck Paperback Band 6349

James Bridle

New dark age

Der Sieg der Technologie und das Ende der Zukunft
Aus dem Englischen von Andreas Wirthensohn
2019. 320 Seiten mit 25 Abbildungen. Gebunden

Ilko-Sascha Kowalczuk

Die Übernahme

Wie Ostdeutschland Teil der Bundesrepublik wurde
2019. 319 Seiten. Klappenbroschur
Beck Paperback Band 6355

Ben Rhodes

Im Weißen Haus

Die Jahre mit Barack Obama
Aus dem Englischen von Enrico Heinemann, Thomas Pfeiffer,
Jörn Pinnow und Martin Richter
2. Auflage. 2019. 576 Seiten mit 15 Abbildungen. Gebunden

Timothy Snyder

Der Weg in die Unfreiheit

Russland, Europa, Amerika
Aus dem Englischen von Ulla Höber und Werner Roller
2019. 381 Seiten mit 4 Abbildungen und 10 Karten. Broschiert
Beck Paperback Band 6362